AF570398

Le Cinéma
des Années Trente
Par ceux qui l'ont fait

Tome I

Les Débuts du Parlant : 1929-1934

Collection **Champs visuels**

dirigée par Pierre-Jean Benghozi,
Jean-Pierre Esquenazi et Bruno Péquignot

Une collection d'ouvrages qui traitent de façon interdisciplinaire des images, peinture, photographie, B.D., télévision, cinéma (acteurs, auteurs, marché, metteurs en scène, thèmes, techniques, publics etc.). Cette collection est ouverte à toutes les démarches théoriques et méthodologiques appliquées aux questions spécifiques des usages esthétiques et sociaux des techniques de l'image fixe ou animée, sans craindre la confrontation des idées, mais aussi sans dogmatisme.

Dernières parutions

Jacky LAFORTUNE, *Craie a(c)tion dans la ville*, 2000.
Collectif, *Cinéma et audio-visuel*, 2000.
Isabelle JURA, *Des images et des enfants*, 2000.

ISBN : 2-7384-8951-6

Christian GILLES

Le Cinéma des Années Trente

Par ceux qui l'ont fait

Tome I

Les Débuts du Parlant : 1929-1934

Interviews exclusives

L'Harmattan
5-7, rue de l'École-Polytechnique
75005 Paris
FRANCE

L'Harmattan Inc.
55, rue Saint-Jacques
Montréal (Qc)
CANADA H2Y 1K9

L'Harmattan Hongrie
Hargita u. 3
1026 Budapest
HONGRIE

L'Harmattan Italia
Via Bava, 37
10214 Torino
ITALIE

A PARAÎTRE :

Tome II : Les Années Trente : Le Cinéma de l'Avant-Guerre (1935-1939)

Tome III : Les Années Quarante : Le Cinéma de l'Occupation (1940-1945)

Tome IV : Les Années Quarante : Le Cinéma de l'Après-Guerre (1946-1950)

Tome V : Les Années Cinquante : La Qualité Française (1951-1957)

Ginette Leclerc : le Désir des Hommes

Remerciements

Je remercie les personnes qui, au cours de ces vingt dernières années, m'ont aidé dans l'élaboration de ces livres : Jean de Baroncelli, Jean Bloch, Patrick Brion, Raymond Chirat, Patrick Colleau, Maurice Dervé, Hervé Dumont, Charles Ford, Gilles Grandmaire, Italo Manzi, Jean-Claude Moireau, Jean-Loup Passek, Vincent Pinel, Pierre Prévert.

PRESENTATION

Comment définir le cinéma français des années trente ?

Pour bien comprendre le cinéma de cette époque, il convient tout d'abord de le situer historiquement. Deux points de repères – essentiels – s'imposent : la crise économique de 1929 qui, après les États-Unis, frappe l'Europe entière, et le second conflit mondial. A ce propos, il faut souligner l'association évidente entre les événements politiques et l'essence même de l'art cinématographique. Doit-on seulement rappeler l'abondance de films musicaux et de comédies légères déferlant sur les écrans de 1930 qui, s'ils correspondent à une mode entretenue par la nouveauté du parlant, n'en allaient pas moins tenter de faire oublier la crise ?

Et dès 1936, la consécration des épopées militaires et des évocations coloniales n'était-elle pas un présage ? Cinéma influencé ou témoin de son temps, mais aussi axé sur l'évasion et le divertissement.

Quelles étaient d'ailleurs les distractions favorites du public ? Extrêmement populaire – car accessible à toutes les bourses – le cinéma occupe, sans risque d'être détrôné, la première place.

Attraction de foire, à la fin du siècle dernier, le cinématographe était devenu dès 1915, date de l'apparition des premières œuvres américaines d'envergure « Naissance d'une nation » (David Wark Griffith) et « Forfaiture » (Cecil B. De Mille), un art à part entière, enfin reconnu de tous. Quinze ans plus tard, le bouleversement d'une industrie, décidément en perpétuel mouvement, est à son comble : l'arrivée du parlant – et les remous qu'il suscite – donne lieu à d'interminables polémiques. Sorti à Paris le 30 janvier 1929, à l'Aubert-Palace, « Le chanteur de jazz » (Alan Crosland, 1927), mélodrame hollywoodien produit par les frères Warner, provoque une grande curiosité de foule, malgré les réticences bien légitimes de la profession et de la critique. Les films sonores, chantants et parlants, font l'unanimité auprès des spectateurs à l'affût, il est vrai, de nouveautés. Le rêve et les mélodies, qu'allègrement on leur propose, les ravissent et l'une des plus populaires est alors celle tirée du film de Wilhelm Thiele, « Le chemin du paradis » (1930) : « Avoir un bon copain ».

Néanmoins l'enthousiasme est loin d'être général. Les puristes assistent, impuissants, à l'effondrement de l'art muet qui, dans sa chute, semble emporter définitivement recherches visuelles et plein épanouissement pictural ; en revanche, ceux pour qui l'image silencieuse était parvenue aux limites de son expression, acclament avec joie la voie prometteuse dans laquelle s'engage l'industrie du film.

Remarquons cependant que les œuvres applaudies tout au long de cette décennie ne sont plus forcément celles qui plaisent aujourd'hui. Et vice-versa. Ainsi « Boudu sauvé des eaux » (Jean Renoir, 1932) et « L'Atalante » (Jean Vigo, 1934), films désormais classiques, n'étaient-ils alors reconnus que par une minorité intellectuelle. Il faut attendre 1936-1937 et les films de Carné - Prévert, relatifs à l'essor du Front Populaire, pour assister à la naissance d'un écran plus volontiers populiste.

Déjà cités, le récit patriotique et l'intrigue coloniale trouvent comme idéal contrepoint la farce militaire (Ah ! l'importance de l'uniforme) tandis que fleurissent le drame mondain, l'évocation religieuse, la reconstitution historique, le romanesque « Russe Blanc », l'adaptation littéraire, la romance à dominante royale ou princière, la comédie gauloise ou boulevardière, l'opérette marseillaise. Presque tous oubliés, injustement parfois, ces films de confection courante – ce qui n'empêche pas le soin qu'on accordait à leur réalisation – nous renseignent sur le public qui regardait et appréciait ces images.

Essayons de définir ce public. Il aime voir un film avec un début et une fin. L'histoire, bien construite, doit être émouvante ou drôle : il veut rire ou pleurer. Plus docile et plus complaisant, le spectateur de 1930 est aussi moins blasé. Le véritable flux d'images, entretenu massivement par nos programmes de télévision, n'est pas étranger au changement des mentalités. Les centres d'intérêt se sont déplacés et le culte de la vedette s'est dorénavant reporté dans les domaines du sport et de la musique.

Poudre aux yeux, artifices, la rareté des médias ne pouvait que favoriser l'idéalisation systématique des têtes d'affiche, semble-t-il, inaccessibles. « Cinémonde », « Pour vous », « Ciné-Miroir » sont lus avec avidité par les fans qui ont ainsi l'impression de partager secrètement l'intimité de leurs stars préférées. Celles-ci sont toutes populaires, du jeune premier gominé au second rôle goguenard et sympathique, en passant par la vamp aux œillades meurtrières. Et si l'on a dit que l'écran d'alors est dominé par l'acteur, par le culte de la personnalité et le désir de s'identifier à l'être adulé, cette affirmation, pour simpliste qu'elle puisse paraître au premier abord, ne fait pourtant aucun doute. Les noms des stars flamboient en lettres de feu sur les placards publicitaires, alors qu'on remarque à peine ceux des metteurs en scène. C'est en effet l'époque où d'instinct, le public afflue dans les salles, ne regardant que les acteurs à l'affiche (l'après-guerre, en revanche, commencera à instituer un cinéma dit d'auteur). Ce besoin de stars, de récits dépaysants et distrayants, répond aux temps difficiles et, de ce fait, l'autel où se placent dieux et déesses se tient bien éloigné des soucis quotidiens : les comédies sophistiquées alimentent à plaisir l'oubli, le refuge, le rêve.

En fait, si aujourd'hui l'on veut goûter pleinement ce cinéma, ne faut-il pas avant tout savoir apprécier les acteurs qui le composent ? Règle élémentaire aussi celle qui demande à un film d'être restitué dans son contexte historique et culturel. C'est pourquoi il serait ridicule de comparer un film des années trente à un film des années quatre-vingt dix ! D'ailleurs, comment porter un jugement de valeur sans en tenir compte, même s'il est clair que certaines œuvres – surtout en fonction du sujet traité – ont supporté mieux que d'autres l'épreuve du temps.

A la lecture du présent ouvrage, on se rendra à l'évidence : le Septième Art a bien connu son âge d'or durant cette période. Les films réalisés alors gardent un pouvoir, quasi magique, pour qui consent à se laisser séduire, à retrouver les distributions prestigieuses qu'accompagne une certaine nostalgie…

Journal d'une époque : 1929-1934

A la fin des années vingt, le cinéma muet français atteint un réel degré de perfection et des films comme « Napoléon » (Abel Gance, 1927), « La passion de Jeanne d'Arc » (Carl Th. Dreyer, 1928), « L'argent » (Marcel L'Herbier, 1928) témoignent de cet achèvement artistique.

Brusquement, l'arrivée du parlant va bouleverser les critères esthétiques en vigueur. De nombreux cinéastes, en tête Abel Gance, qui travaillait à sa grande épopée moralisatrice, « La fin du monde » (1929-1930), et Jean Epstein, qui venait de tourner « La chute de la maison Usher » (1928), s'opposent avec violence à cette intrusion sonore, soumise à des exigences désormais purement commerciales. Les premiers longs métrages sonores, partiellement parlants – « Le collier de la Reine » (Gaston Ravel et Tony Lekain, 1929), « Les trois masques » (André Hugon, 1929), « Le requin » (Henri Chomette, 1929) – leur donnent raison : le résultat est peu satisfaisant, c'est une déception.

Tourné à Berlin, « La nuit est à nous » (Henry Roussell, 1929) se veut la consécration de l'invention nouvelle, tant du point de vue critique que public. Mais la grande curiosité du moment est de voir, et d'entendre André Baugé, dans « La route est belle » (Robert Florey, 1929), film dont les recettes dépassent toutes les espérances.

Toutefois, la majorité des historiens s'entendent à citer le film de René Clair « Sous les toits de Paris » (1930) comme la première œuvre sonore et parlante de qualité. Marcel L'Herbier, enfin, réalise avec « L'enfant de l'amour » (1930) le « premier long métrage dramatique 100 % parlant tourné dans les studios français ».

Pendant plusieurs mois, c'est donc l'Événement. La polémique d'actualité, « Pour ou contre le parlant », pourrait se résumer par celle si courtoisement orageuse opposant René Clair à Marcel Pagnol.

Révélatrice de deux idéaux antithétiques, elle se place même au centre du problème : Clair, amoureux de l'image, désire privilégier le visuel ; Pagnol, lui, se limite à une diffusion plus large de ses pièces. Avec les années, ces divergences vont s'aplanir et les passions se modérer. Le cinéma allait acquérir – certes, à pas feutrés – son style et son langage propres.

Les metteurs en scène

René Clair, Julien Duvivier, Jacques Feyder, Abel Gance, Jean Grémillon, Jean Renoir, Maurice Tourneur sont d'éminents créateurs dont la réputation n'est plus à faire. Parallèlement à ce noyau d'artistes, le cinéma de la fin des années vingt est dominé par un courant aristocratique où règne, majestueux, le réalisateur de « L'inhumaine » (1924) : Marcel L'Herbier. Dans son sillage, on peut facilement ranger Alberto Cavalcanti, Raymond Bernard, Léon Poirier, Jacques de Baroncelli, Gaston Ravel, Henry Roussell. Quant à Dominique Bernard-Deschamps, Henri Fescourt, Léonce Perret, Gaston Roudès, valeureux pionniers des premières années de la qualité française, ils poursuivent une carrière sans éclat réel. Ce n'est d'ailleurs pour eux qu'une période de sursis avant un oubli, pour le moins injustifié.

Cet outrage des ans, Gance et L'Herbier le connaissent également (la comparaison entre leurs œuvres muettes et parlantes est révélatrice). Seul Jean Epstein, après une brève incursion commerciale (« La châtelaine du Liban », 1933) eut l'opiniâtreté de tourner le dos aux contingences du temps ; Jean Benoit-Lévy, son grand ami de toujours, réalise avec la collaboration de Marie Epstein, la sœur de Jean, un film émouvant et humain : « La maternelle » (1933).

Des auteurs, au ton résolument personnel, s'attachent de façon momentanée à la réalisation (avant d'entreprendre quelques années plus tard une authentique carrière de cinéaste) : Jean Cocteau (« Le sang d'un poète », 1930), Luis Buñuel (« L'âge d'or », 1930), les frères Prévert, Jacques et Pierre (« L'affaire est dans le sac », 1932). Les qualificatifs pour situer Jean Vigo, le poète anarchisant de « Zéro de conduite » (1933) sont aujourd'hui nombreux ; un seul, alors, est de mise : celui d'« auteur maudit »...

L'écran est envahi par les adaptations de pièces filmées et la technique moderne n'engendre pas pour autant l'imagination. Le texte devient surabondant, détruisant ce que de nombreux metteurs en scène s'étaient patiemment acharnés, depuis plus de vingt ans, à mettre en œuvre : le théâtre, cet « ennemi », triomphe. Les succès « silencieux » sont rebâtis avec un dialogue hâtivement calqué sur des images autrefois suggestives (un regard, un geste suffisaient...). Aussi assiste-t-on à une éclosion de moutures qui ne s'imposent pas toujours ; dans le meilleur des cas : « Faubourg Montmartre », « L'Atlantide », « Crainquebille », « L'agonie des aigles », « Les Misérables », « Le maître de forges », « Les mystères de Paris ».

Les acteurs

Comme aux États-Unis, le parlant réduit au silence plusieurs étoiles du muet. Ivan Mosjoukine, avec son accent russe trop prononcé, est une victime de prédilection. Léon Mathot, quant à lui, décide avec prudence de s'orienter vers la mise en scène. Si plusieurs noms s'effacent, d'autres font leur apparition. Les producteurs, devant les instances draconiennes des ingénieurs du son, recrutent intensément dans les milieux du théâtre, du music-hall et, noblesse oblige, de la Comédie-Française.

C'est ainsi que le parlant allait confirmer plusieurs pensionnaires de la Maison de Molière, dont Huguette Duflos, déjà grande vedette des années vingt, Jean Weber, et surtout Madeleine Renaud et Marie Bell.

L'idée de réunir, autant de fois que le succès le permet, des couples prestigieux semble une bonne idée que les financiers de la pellicule vont vouloir suivre. On prend donc plaisir à retrouver pour d'inédites palpitations sentimentales : Gaby Morlay et Victor Francen, Annabella et Albert Préjean, Marie Glory et Jean Murat, Meg Lemonnier et Henri Garat.

Séducteurs de premier plan, Maurice Chevalier et Charles Boyer enchaînent une carrière tant française qu'hollywoodienne. Mais il y a aussi Pierre Richard-Willm le ténébreux, André Luguet le dandy, Roland Toutain le casse-cou, Fernand Gravey le fantaisiste, Pierre Blanchar le torturé, René Lefèvre le rêveur, Jean Gabin le mauvais garçon, André Roanne le gigolo charmeur.

Les grandes compositions, qu'elles soient pathétiques ou drôlatiques, sont le privilège de Raimu, Harry Baur, Charles Vanel, Constant Rémy, Max Dearly, Michel Simon, Pierre Renoir, Gabriel Gabrio… Sans oublier Georges Milton, Bach, Noël-Noël et Fernandel, joyeux lurons et comiques troupiers, qui divertissent la France entière.

Côté féminin, les héroïnes du muet, Blanche Montel, Gina Manès, Arlette Marchal, sont toujours des valeurs sûres en têtes d'affiches que bientôt viennent rejoindre Elvire Popesco, Marcelle Chantal, Françoise Rosay. Les jeunes premières se bousculent aux portes du succès, même si celui-ci est parfois éphémère : Jeanne Helbling, Alice Cocéa, Mireille Perrey, Jacqueline Francell, Janine Crispin, Rosine Deréan, Suzy Vernon, Renée Héribel, et deux destins tragiques de ce début d'année trente : Janie Marèse et Marcelle Romée.

Avec ses beaux yeux perçants, Colette Darfeuil joue les séductrices tandis que Florelle incarne la gouaille typiquement populiste. Quant à Orane Demazis, sa création de « Fanny » dans la trilogie de Marcel Pagnol émeut par sa touchante simplicité.

Les versions doublées*

Berlin est alors le centre européen du cinéma. Les studios de la UFA imposent facilement leurs vedettes, surtout si elles ont l'habileté et la beauté de Brigitte Helm, Lilian Harvey et Kate de Nagy. Interprètes des doubles, voire triples versions, celles-ci conquièrent des places de choix auprès du grand public.

Précisons également que l'avènement du parlant offre à certains artistes français – Charles Boyer, André Luguet, Françoise Rosay – la possibilité de travailler aux États-Unis. Leur contrat est essentiellement conclu pour la conception en langue française de films américains destinés aux publics francophones. Mais le développement des techniques de doublage amène très vite la dissolution de cette brillante colonie française d'Hollywood (qui tentera de nouveau sa chance pendant la guerre).

Note explicative : Deux versions d'un même film étaient généralement distribuées, l'allemande et la française, auxquelles pouvait s'ajouter une troisième, l'anglaise.
Mais certains films furent tournés en cinq ou six versions.
La vedette féminine demeure souvent la même dans les différentes versions, les partenaires masculins changent afin d'assurer un plus grand succès commercial dans chacun des pays concernés.

INTRODUCTION

Donner la parole aux contemporains (comédien, producteur, metteur en scène, technicien) tel est le pari que le présent ouvrage a voulu suivre. Parfois anecdotiques, les impressions recueillies avec patience et passion ont pour but de retrouver, un demi-siècle plus tard, un cinéma français trop oublié et relégué à l'arrière-plan.

Mais pourquoi uniquement des interviews, pourra-t-on se demander ? De nombreux livres nous ont déjà conviés à retracer l'Histoire du Cinéma. Néanmoins, dans la majorité des cas, ceux-ci étaient écrits à des fins purement encyclopédiques, alors que notre propos est de nous attacher à une optique populaire, vivante, évocatrice. Dans un souci de totale équité, certaines questions reviennent : il est intéressant de savoir par quel chemin chacun est parvenu à la réussite, de quel milieu il est originaire, quelles réflexions lui inspire son passé, quel est son regard sur le cinéma actuel...

Sont traités les sujets qui, tout d'abord, touchent la période concernée (ici 1929-1934) : la naissance du sonore, les premiers tournages parlants à Londres, à Berlin (et la singulière Pension Impériale), la Paramount de Joinville, l'évocation de cinéastes ou acteurs disparus.

Le lecteur est de la sorte invité à prendre position vis-à-vis d'un personnage, d'un événement.

Ces portraits, dessinés par petites touches, ne négligent pas non plus d'aborder des points essentiels : idées, caractère, sentiments, centres d'intérêt. Et puisque le cinéma, par définition, veut que tous horizons soient étroitement mêlés, gageons que le lecteur apprendra beaucoup sur les mœurs, la vie sociale, la politique, la mode... et pourra instantanément retrouver le reflet de toute une époque. Il se rendra compte de la variété des personnalités interrogées dans un domaine qui s'y prête, il est vrai, tout spécialement : le cinéma n'est-il pas l'Art le plus ouvert ?

Personnalités choisies

Annabella	comédienne
Jeanne Boitel	comédienne
André Cerf	assistant, scénariste, cinéaste
Georges Charensol	journaliste, historien
Colette Darfeuil	comédienne
Jean Dasté	comédien
Orane Demazis	comédienne
Marie Epstein	cinéaste
Simon Feldman	technicien
Marie Glory	comédienne
Claude Heymann	directeur de production, cinéaste
Meg Lemonnier	comédienne
Gina Manès	comédienne
Héléna Manson	comédienne
Blanche Montel	comédienne
Louis Page	opérateur
Mireille Perrey	comédienne
Madeleine Renaud	comédienne
Roger Richebé	producteur, cinéaste
Germaine Rouer	comédienne
René Sylviano	musicien
Denise Tual	monteuse, productrice
Charles Vanel	comédien
Jean Weber	comédien

ANNABELLA

(Suzanne Charpentier)
Paris, 1907
Neuilly-sur-Seine, 1996

Annabella débute au cinéma dans " Napoléon " d'Abel Gance, en 1926. A l'aube des années trente, elle est l'interprète des succès les plus populaires du jeune cinéma sonore, parlant et chantant : " Le million ", " 14 juillet ", de René Clair, " Un soir de rafle ", puis " Les nuits moscovites ", " La bandéra ", " L'équipage ". Son mariage avec l'acteur Jean Murat fait la " une " de revues comme " Pour vous " ou " Ciné-Miroir ".

Artiste de charme, elle conquiert rapidement l'Europe, puis les États-Unis, où Hollywood la sollicite pour donner la réplique à son étoile montante, Tyrone Power. Une " merveilleuse " histoire d'amour allait naître sur le tournage de " Suez " (Allan Dwan, 1938).

Jusqu'à la fin de la guerre, Annabella fait partie de la colonie française d'Hollywood, avec ses amis Simone Simon, Jean-Pierre Aumont, Charles Boyer, plus tard Jean Gabin, Julien Duvivier, René Clair, Michèle Morgan, Victor Francen… l'époque dorée des studios que la comédienne évoque avec chaleur.

Après son divorce d'avec Tyrone Power, Annabella revient dans les studios parisiens avec l'intéressant " Éternel conflit " (Georges Lampin, 1947) mais se retire des écrans en 1950.

Pendant de nombreuses années, elle a visité les prisons : Annabella a été, aussi, une femme de cœur.

Votre union avec Tyrone Power a fait battre les cœurs. Quels films de lui préférez-vous aujourd'hui ?

En premier, celui où nous nous sommes rencontrés, « Suez », mais aussi « Le signe de Zorro », « La mousson », « Le cygne noir... ».

Et des films à tendance plus psychologique comme « Le fil du rasoir » ou « Le charlatan » ?

Je n'aime pas « Le charlatan » car je sais que ce tournage a rendu Tyrone déprimé. Avec sa nature sensible, je l'ai vu alors trop malheureux pour pouvoir apprécier ce film.

Une biographie affirmait récemment que vous auriez été l'instigatrice de cet emploi d'anti-héros...

C'est faux, je le lui aurais, au contraire, plutôt déconseillé et précisément celui-ci. Son metteur en scène, Edmund Goulding, n'était vraiment pas sympathique, et de toute façon j'ai toujours laissé Tyrone libre de ses choix.

Vous savez, il a été écrit tant de bêtises sur la vie des vedettes... en particulier celle où l'on prétendait dernièrement que Tyrone, désemparé à cause d'une trop grande solitude, aurait cherché à me revoir, peu de temps avant sa mort... En réalité, il avait tout le monde à ses pieds !

Comment s'est passée votre rencontre sur le plateau de « Suez » ?

Lorsque je suis arrivée à Hollywood, il était « la » plus grande vedette. Chacun était à sa disposition, ce qui avait le don de m'agacer quelque peu (je n'avais vu de lui que « Lloyds of London »). Tandis qu'autour de moi, on murmurait volontiers : « Annabella's hard to get... ».

Or, comme je me maquille toujours moi-même, je n'avais pu remarquer une note affichée dans la salle de maquillage indiquant qu'une minute de silence, à l'intention d'un artiste disparu, était prévue. Quelle ne fut donc pas ma surprise de voir soudain toute l'équipe s'arrêter ! Ma première réaction fut d'éclater de rire... Mais lorsque j'eus compris mon impair, je fus prise de panique : « Ils vont penser que je n'ai pas de cœur », me suis-je dit. Et après m'être esclaffée comme une imbécile, j'ai pleuré comme une idiote ! Tyrone a tout de suite compris mon désarroi et, pour me consoler, m'a emmenée déjeuner. Notre histoire d'amour est partie de là.

Quel portrait pourriez-vous tracer de lui ?

Comment ne pas tomber amoureuse d'un garçon aussi beau, paré de toutes les qualités dont rêve une femme, et respirant autant la bonté.

Tyrone, malgré le succès dont il bénéficiait, était modeste. Jamais je ne l'ai vu se regarder dans un miroir, sauf une fois, dans une vitrine, où il a voulu juger l'effet de ses galons de lieutenant sur son bel uniforme. Il avait un côté enfantin délicieux. La seule chose que je puisse dire, c'est qu'il était un peu faible de caractère, ceci pour la simple raison que, ne voulant pas faire de peine aux autres, il était toujours prêt à rendre service.

Notre voyage de noces en Italie va vous donner une idée de sa personnalité. Au début, tout allait bien : nous étions reçus comme des princes, nos chambres d'hôtel étaient réservées, chaque détail avait été somptueusement préparé.

Nous nous apprêtions à visiter Pompéï, lorsqu'un dirigeant de la Fox est venu nous rejoindre... Je trouvais qu'une lune de miel à trois manquait d'intimité, d'autant plus que ce Monsieur avait déjà tracé notre itinéraire (Florence, Venise). Ce manque de liberté ne me convenait pas du tout, j'ai donc refusé catégoriquement de le suivre. C'est alors que Tyrone eut cette phrase merveilleuse : « On ne peut lui faire faux-bon, il est venu de si loin » ! Nous lui avons laissé une lettre d'excuses et, après avoir acheté une petite Fiat, nous sommes partis tous les deux, à l'aventure. De lui-même, Tyrone n'aurait jamais osé décliner une aussi ennuyeuse proposition.

Étiez-vous sensible à la magie hollywoodienne ?

Je vivais dans un rêve. Le conte de fées se réalisait : on m'avait attribué une loge de reine et j'avais près de moi

Tyrone que, jalouses, toutes les Américaines m'enviaient et qui était, finalement, tombé amoureux d'une petite Française...

Zanuck, le patron des studios, ne voulait pas que Tyrone m'épouse et pourtant nous nous sommes mariés, sans nous occuper de ce qu'il pensait. Après la vie de vedette que j'avais menée depuis plusieurs années en France, je voulais vivre une véritable histoire d'amour.

Le faste particulier du Hollywood d'hier dont on parle tant, était-il réel ?

Il s'agissait de la grande époque d'Hollywood et nous vivions tous comme dans un enchantement. A une réception donnée par la Warner, où l'on comptait plusieurs salles à manger gigantesques, les murs étaient couverts de gardénias et ces tapis d'une blancheur immaculée étaient parsemés, par taches, d'orchidées aux couleurs vives. De grands cacatoès blancs renforçaient cette féérie.

Pendant le tournage de « Suez », Tyrone avait placé – de ma porte jusqu'à ma voiture – un magnifique parterre de fleurs. Il m'écrivait trois lettres par jour. Je vivais le bonheur parfait.

Aujourd'hui, je ne peux regarder ses films s'ils sont doublés, j'aimais trop sa voix...

Pourquoi n'avoir tourné qu'un seul film avec lui ?

Nous avons aussi joué au théâtre la pièce de Molnar « Liliom », ce qui était pour moi d'une importance capitale : pour la première fois, je me trouvais sur scène, avec un texte anglais (un trou de mémoire aurait pu devenir dramatique...). Le résultat fut au-delà de nos espérances. Tout New York s'était déplacé ; même Elsa Maxwell, qui avait une énorme influence, était présente. C'est un souvenir inoubliable.

A vous écouter, on pourrait penser que vous privilégiez votre carrière américaine par rapport à votre carrière française...

Je ne me suis pas très bien entendue avec mes partenaires français, du moins ai-je ressenti davantage de chaleur et de gentillesse courtoise chez les Américains, moins de jalousie aussi. C'est pourquoi, en France, jamais, par exemple, je n'allais manger à la cantine avec les autres. De même, quand Adolphe Osso m'a envoyée tourner à Budapest « Marie, légende hongroise » et « Gardons le sourire », deux films du remarquable Paul Fejos – les frais de production revenant moins chers là-bas – je me suis retrouvée dans un hôtel où séjournaient déjà deux équipes. Dès que je me suis rendue compte du langage et des manières de certains, j'ai préféré prendre mes bagages et m'installer seule, dans une petite chambre de l'autre côté du Danube. Je n'aime ni le tutoiement instinctif, ni les familiarités du genre : « Viens ma poule », encore moins les discussions « métier ».

Marcel L'Herbier n'était-il pas un peu sec avec les acteurs ?

Au contraire, sa tenue convenait parfaitement à ce que j'attendais d'un rapport professionnel. Agissant toujours en grand seigneur, il savait vous respecter, raison pour laquelle j'ai tourné deux films avec lui, « Veille d'armes » et « La citadelle du silence ». Il m'avait demandée, à nouveau, pour une co-production avec l'Italie, mais j'ai dû refuser : je partais pour Hollywood.

Je précise que c'est grâce à Marcel L'Herbier si j'ai pu obtenir la coupe Volpi, à la Mostra de Venise pour le film « Veille d'armes ».

Et René Clair ?

René Clair était un ami. Il faisait régner une bonne humeur constante et nous nous amusions beaucoup sur le plateau. Il était bien élevé et connaissait son métier sur le bout des doigts. J'ai également fait deux films avec lui, « Le million » où j'ai appris toute seule à faire des pointes, et « 14 juillet ». Ce furent deux succès qui aidèrent au développement de ma carrière à venir.

Abel Gance est, je crois, à l'origine de votre patronyme...

J'avais, sous sa direction, un petit rôle dans « Napoléon ». Je désirais avoir un nom en un seul mot et, lisant l'un de mes poèmes favoris où l'on mentionnait celui d'Annabella Lee, j'en ai parlé à Gance qui a eu l'idée d'Annabella.

Dans le cinéma des années trente et plus spécialement au début du parlant, votre style de jeu a apporté un naturel très heureux...

Récemment, des amis ont pu voir mon premier film parlant, « La maison de la flèche », et il paraîtrait que, contrairement aux autres acteurs, je parle juste. Ce film, dont le tournage se déroula entièrement en Angleterre, je l'ai fait dans des circonstances bien particulières puisque j'avais rencontré Henri Fescourt, le metteur en scène, dans le train ! Il m'a demandé si je savais conduire et monter à cheval, j'ai acquiescé, alors que c'était faux (ce qui m'a valu de rentrer dans un arbre et de tomber plusieurs fois de monture !) Je ne m'étais pas souciée qu'au même moment, je devais partir en tournée avec Louis Jouvet. Je souhaitais connaître l'étranger et ai préféré partir pour Londres, décision que Jouvet, lui qui avait une bien mauvaise opinion du cinéma, n'a ni appréciée, ni comprise.

Depuis l'âge de douze ans, alors que je jouais au réalisateur, imaginant, en compagnie de ma famille et de mes camarades, les situations les plus folles, je rêvais d'aller en Amérique.

Quelle était l'ambiance du tournage d'« Hôtel du Nord », le classique de Marcel Carné ?

Fiancée avec Tyrone, j'étais revenue en France uniquement pour divorcer d'avec Jean Murat (qui, d'ailleurs, est resté un ami) ; je ne pensais donc qu'à repartir. Henri Jeanson avait écrit les deux meilleurs rôles à Arletty et à Jouvet. Quant à Jean-Pierre Aumont, camarade de toujours, il était le plus mal servi d'entre nous.

Vous aviez déjà tourné « L'équipage » d'Anatole Litvak ensemble.

Litvak était un grand metteur en scène qui, en plus de son métier, a agi magnifiquement pendant la guerre. Véritable ami, il était venu m'accueillir lors de mon arrivée en Amérique. « L'équipage » est un très joli film. Mais mon rôle ne me plaisait qu'à moitié car il consistait à jouer une femme infidèle...

Avec Jean-Pierre, nous nous sommes aussi donné la réplique sur scène dans la pièce de Shakespeare « Comme il vous plaira ».

*En 1936, vous participez à l'un des premiers films en Technicolor « La baie du destin » (*Wings of the morning*).*

Très amusant à composer ce rôle, ces rôles devrais-je dire, puisque, en plus de mon propre personnage, j'étais travestie à la fois en jeune garçon et en grand-mère gitane.

Henry Fonda était très sympathique. Si je devais faire le bilan des partenaires avec qui je me suis bien accordée, je citerais, mis à part Tyrone, Henry, Jean-Pierre Aumont et Gabin.

Dans « La bandéra », que ce dernier tournait sous la direction de Julien Duvivier, j'ai tenu le pari de pouvoir me substituer à une danseuse indigène qui, si elle était fort belle, présentait cependant des déficiences lorsqu'il s'agissait de scènes dialoguées. Tous deux m'avaient appelée à la rescousse et j'ai accepté de leur venir en aide en jouant un rôle qui, a priori, n'était pas pour moi. Voilà comment j'ai participé à ce désormais « classique » sur la Légion Étrangère !

Vous étiez à Hollywood pendant la guerre et de ce fait privée tout à coup de votre famille...

C'est pourquoi j'ai abandonné l'Armée américaine pour suivre la Campagne d'Italie. Dans la journée, je servais la Croix-Rouge et, le soir, je jouais « Blithe spirit » (« L'esprit s'amuse »), de Noël Coward, dans une Italie en ruines, bien différente de celle des « honeymoon ».

Tyrone s'était engagé dans la marine. Enfin, début 45, je retrouvais le France.

Avez-vous le sentiment d'avoir eu une vie exceptionnelle ?

Ce n'est pas une, mais dix existences que j'ai vécues !

Quelles leçons pouvez-vous tirer de votre carrière ?

Ne pas se prendre trop au sérieux. J'ai toujours considéré le fait de faire du cinéma comme une simple aventure, analogue à un prolongement de l'enfance.

A votre propos, on cite volontiers une nature généreuse...

Selon moi, rien d'autre n'existe à part l'amour, que ce soit enfants, amis, famille. A chaque printemps, les bourgeons et les fleurs m'émerveillent. Et, en plus, je crois en Dieu...

Vous avez beaucoup fait pour les prisonniers...

J'ai été visiteuse de prisons, ce qui est arrivé, d'ailleurs, très bizarrement : j'aidais de façon régulière un aumônier à écrire des lettres un peu bébêtes destinées aux détenus et en particulier à un adolescent condamné à trois mois de prévention. J'avais assisté à l'audience du Palais de Justice, où sa libération venait d'être prononcée, et l'avocat m'avait priée d'aller le chercher à Fresnes. C'était en novembre, et munie de sandwiches et d'une bouteille de bière, je suis allée l'attendre pour le conduire finalement chez sa sœur. Ce qui m'a frappée, c'est de le voir avec des espadrilles de femmes ; les siennes, on les lui avait volées... En fait, je me suis occupée de lui jusqu'à son mariage. Et puisque je crois qu'il faut être utile sur terre, j'ai décidé, grâce à l'aide du Secours Catholique, de créer un vestiaire, afin que tous sortent convenablement habillés.

Ce geste était-il lié au fait que votre vie ait été heureuse, par rapport à d'autres moins chanceux ?

Cela me vient sans doute de ma famille. Mon père est le créateur, en France, du scoutisme où, chaque jour, l'on apprend à faire sa B.A.

Septembre 89

Jeanne BOITEL
Paris, 1904
Paris, 1987

Jeanne Boitel débute au cinéma dans « L'Aiglon » en 1931, un film de prestige tourné par le Russe blanc Tourjansky.

Vedette du parlant, elle enchaîne film sur film ; on retient « Le grillon du foyer » de Robert Boudrioz, « Chotard et Cie » de Jean Renoir, « Casanova », où elle donne la réplique à Ivan Mosjoukine. En 1934, elle est l'héroïne passionnelle de « Remous », réalisé par Edmond T. Gréville, qui demeure, au cinéma, son titre de gloire. Elle interprète aussi ce « drôle » de film qu'est « Les dieux s'amusent », tourné à Berlin en versions allemande et française.

Toutefois, la scène reste sa véritable raison de vivre et ses apparitions au cinéma ne sont qu'épisodiques après la guerre. Pensionnaire, puis sociétaire de la Comédie-Française, elle a marqué l'illustre Maison en jouant tous les grands rôles du répertoire.

Rappelons que sous l'Occupation, Jeanne Boitel a montré de façon éclatante ses vertus patriotiques et son « cœur de résistante au service de la France » sous le pseudonyme si judicieusement choisi de Mozart.

Quelle a été votre formation première ?

A la naissance de ma vocation, je ne savais pas s'il était préférable d'entrer à l'école de chant ou à celle de comédie... J'ai finalement choisi de m'orienter vers le métier de comédienne, ce qui ne m'a pas empêchée, par la suite, de créer de nombreuses opérettes.

Ma carrière a été jalonnée de moments intenses. Au cours d'une tournée en Amérique du Sud, je me suis retrouvée devoir jouer 18 pièces différentes, dont « L'Aiglon » et « Mozart ». Ces deux œuvres comportent des tessitures opposées absolument impossibles à enchaîner. Malgré tout, les organisateurs ont tellement insisté que j'ai accepté (mais en aucun cas, elles ne devaient se chevaucher).

Pour vous donner un exemple de la grande variété de notre programme et de la difficulté qu'elle offrait, il nous est arrivé de donner dix pièces en dix jours. De nos jours, personne n'envisagerait une telle performance.

« L'Aiglon » fut votre premier film.

Tourjansky qui était considéré, à juste titre, comme un très bon metteur en scène, a fait plusieurs essais parmi la troupe de la Comédie-Française. Lorsque le choix de Jean Weber a été définitif, il a décidé de m'engager à cause, sans doute, de la concordance de notre silhouette (je jouais la Camerata, sa cousine).

J'avais une scène de duel que Tourjansky tenait à filmer alors que dans la pièce, au quatrième acte, elle se trouve simplement racontée. Par bonheur, j'avais appris l'escrime au Conservatoire, mais où il s'agissait de sabre, je ne m'était exercée qu'à l'épée. Un maître d'arme est donc venu me perfectionner aux « moulinets » (c'est un souvenir curieux !)

Plus tard, à la Libération, j'ai joué des centaines de fois le rôle du Duc de Reichstadt lui-même, en travesti, au Châtelet, puis de par le monde.

Quelles étaient les conditions de tournage au début du parlant ?

La production n'était pas avare de pellicule. Dans « L'Aiglon » je devais monter à cheval en amazone, l'espace de quelques plans, et me souviens que cette simple scène a été refaite maintes et maintes fois. Pourtant, Osso, le dirigeant de la firme du même nom, était plutôt près de ses sous ! Simultanément, il m'avait engagée pour un autre film, « Un soir au front », qui avait pour vedette masculine Pierre Richard-Willm. Chargé de la réalisation, Alexandre Ryder n'était pas, c'est le moins qu'on puisse dire, un grand cinéaste. Il avait gardé les habitudes du muet et exigeait de nous de grandes expressions mimiques trop souvent proches du ridicule. Lorsqu'il vous demandait un premier plan, par exemple de stupeur, je songeais à la simplicité, au naturel de certaines actrices du cinéma américain – comme Sylvia Sidney – et m'arrangeais pour satisfaire nos deux volontés autant qu'il était possible.

Il n'existait pas de syndicats pour nous défendre et les conditions de travail étaient très dures. Pensez qu'il m'est arrivé de rester au studio de sept heures du matin à cinq heures du matin suivant où nous enchaînions, bien entendu, scènes de jour et scènes de nuit !

« Si tu veux », « Conduisez-moi, Madame » furent des titres extrêmement populaires.

« Si tu veux » était réalisé par André Hugon, metteur en scène pour qui j'ai fait quatre films, notamment « Maurin des Maures » avec Berval, qui comportait une scène impressionnante d'incendie.

« Conduisez-moi, Madame », où j'étais chauffeur de maître, se situait dans cette veine qui exigeait des chansons dans un film. Sous n'importe quel prétexte ! L'air principal, le tango édité par Salabert, « Si nous devons nous dire adieu » a fait un triomphe : on le jouait partout. Aussi quelle ne fut pas ma surprise de l'écouter alors que j'effectuais une tournée au Maroc ! Nous déjeunions, quelques amis et moi, dans un petit restaurant, lorsque le patron se met justement à en fredonner le refrain... Cette comédie, mis à part le succès qu'elle a pu rencontrer m'a permis également de connaître un partenaire très amusant en la personne d'Armand Bernard.

Quel est votre sentiment sur le film de Jean Renoir, « Chotard et Cie » ?

J'étais enchantée à l'idée de tourner avec Renoir. Malheureusement, je dois avouer ma déception : « Chotard et Cie » est l'un des rares mauvais films de sa brillante carrière (malgré cela, la télévision se complaît à le rediffuser sans arrêt !)

Charpin avait déjà participé à la création de la pièce au Théâtre de l'Odéon. Roger Ferdinand, l'auteur, m'avait demandée dans la version filmée pour le rôle de la jeune fille, contrat que j'ai accepté d'emblée. Détail cocasse, comme la production n'avait pas beaucoup d'argent, Paul Poiret, qui s'occupait de nos costumes, est allé acheter des tissus au Marché Saint-Pierre et pour ne pas perdre de temps, il a ensuite taillé mes robes directement sur moi ! Ce qui ne m'a pas empêchée d'avoir une superbe toilette de satin garnie de perles lors du bal costumé. L'ambiance du plateau était sympathique et la distribution, excellente, surtout Georges Pomiès, ce danseur au destin tragique... Mais, suivant la pièce à la lettre, Renoir restait à mon avis trop nonchalamment théâtral.

Toujours dans le répertoire fantaisiste, vous avez eu un partenaire de choix en ce domaine : Georges Milton.

Comique très vif, Milton était un boute-en-train extraordinaire. Je lui ai souvent donné la réplique, notamment dans « Famille nombreuse » où plusieurs scènes furent tournées en plein festival de L'Haÿ-les-Roses.

Juste au début de l'Occupation, j'ai retrouvé Milton au Théâtre Gramont dans une opérette intitulée « Un coup de soleil ».

Si vous êtes une actrice de comédie, les cinéastes vous ont également employée dans le mélodrame...

J'aimais jouer des personnages divers. Dans « Le grillon du foyer » de Robert Boudrioz, je devais interpréter une aveugle. Un plan, je m'en souviens, m'avait particulièrement séduite : on me voyait pleurer à travers les cordes d'une petite harpe dont je jouais, tout en fredonnant des chansons tristes. Tourné à Nice en 1933, ce joli conte féerique n'a pas bénéficié de la publicité qu'il aurait due avoir, et de ce fait, n'a pratiquement pas eu de sortie publique, mais comme « Casanova » et « Remous », il repasse maintenant à la Cinémathèque.

Dans « Le mariage de Véréna », qui s'est appelé aussi « La bâtarde », j'avais également un rôle très émouvant, celle d'une pauvre servante suisse, fille-mère de surcroît.

Jacques Daroy, notre réalisateur, avait pris la précaution de tourner les séquences de neige avec, pour toile de fond, de magnifiques paysages montagneux, avant d'attaquer celles d'intérieurs reconstituées entièrement en studios. L'intrigue, certes, était un peu simplette, pourtant elle m'avait touchée.

Parlons de « Remous ».

« Remous » est mon meilleur film. Edmond T. Greville était un cinéaste de grand talent et bien des plans témoignent de son habileté et de son intelligence. Par exemple, l'enchaînement – les nuages ouatés, montrés au moment de l'accident, et tout de suite après, le coton hydrophile, filmé en gros plan dans une salle d'hôpital – était remarquable.

Ce fut un énorme succès et il resta plus d'un an en exclusivité. L'accueil était triomphal, que ce soit en Europe ou en Amérique.

« Remous » fut, de plus, l'un des premiers films à aborder aussi ouvertement la sexualité. L'impuissance était évoquée sans détours et Jean Galland, qui jouait l'invalide, mon mari dans le film, trouva l'un de ses meilleurs rôles.

Le désir était présent dans plusieurs scènes, notamment celle où Maurice Maillot et moi écoutons un disque. Gréville avait réussi un beau travail car il n'était évidemment pas question d'exhibitions, comme on en voit aujourd'hui. Ce n'était que suggestion ; le résultat était d'autant plus troublant.

Comme la plupart des vedettes françaises, vous avez tourné en Allemagne pour la UFA, en particulier « Les dieux s'amusent ».

J'avais déjà joué à Berlin « Le petit écart » où, comme l'usage le voulait au début du parlant, deux versions d'un même scénario étaient réalisées conjointement. La chanson de ce film avait été l'une des premières à sortir en disque.

Parallèlement à notre semaine de travail, nous en profitions Lucien Baroux, Pierre Richard-Willm et moi, pour aller le dimanche nous promener. L'atmosphère qui régnait entre nous était très chaleureuse et j'ai rarement retrouvé de si adorables compagnons. En revanche, celle d'« Amphitryon » (ou « Les dieux s'amusent ») était bien différente...

Je faisais une tournée en Egypte, où je jouais en alternance « Tovaritch » et « La marche nuptiale », lorsque je reçus un appel de Ploquin m'invitant d'urgence à participer à son projet. Tourner sous la direction de Reinhold Schünzel fut un véritable plaisir. Pourtant, malgré le déploiement d'une mise en scène gigantesque – je me souviens d'une séquence où je m'adresse aux femmes de Thèbes et où la figuration était véritablement impressionnante –, ce film ne fut pas un succès. Entre nous, nous chuchotions même : « Quel splendide navet » ! De plus, le fait que certains compatriotes, vedettes également du tournage, se soient comportés d'une façon assez vulgaire, me gênait par rapport aux Allemands qui, eux, se conduisent toujours impeccablement dans le travail.

Après-guerre, j'ai retrouvé Schünzel – il était venu me voir lors d'une représentation de « Cyrano de Bergerac » à la Comédie-Française. « J'ai appris votre conduite pendant la Résistance, me dit-il, saviez-vous que moi-même, j'étais sous l'uniforme américain » ? Juif, il avait été obligé de quitter l'Allemagne.

A ce sujet, avez-vous ressenti une pression sur le peuple germanique pendant vos différents tournages à la UFA ?

Le 1er mai 1935, je me suis trouvée à la grande manifestation donnée à l'occasion de la Fête du Travail où j'avais pu obtenir une invitation dans la loge de la presse étrangère. Je me tenais à quinze mètres d'Hitler, que j'ai vu et entendu, alors qu'il neigeait abondamment (on se serait cru en pleine retraite de Russie !) Ce rassemblement gigantesque avait vite pris des proportions incroyables : il y avait des gens à perte de vue et une foule, évaluée ce jour-là à un million deux cent mille personnes, s'était massée sur cet immense terrain d'aviation de Berlin.

Dans cette réunion, quasi mystique, j'ai vu des choses inouïes : par exemple, des femmes âgées, à genoux, le bras tendu, pour chanter l'hymne national. Également le défilé des Jeunesses Hitlériennes, avec leurs regards posés sur « lui », comme hypnotisés, était extrêmement impressionnant. Aux journalistes parisiens, j'avais raconté ce phénomène pour leur ouvrir l'esprit : « Vous ne vous rendez pas compte de ce qui se trame là-bas ». Mais les gens ne comprenaient pas. C'est pourquoi, lors du Front Populaire, j'ai ressenti les événements tout à fait différemment : « Ils ne voient pas ce qui se passe, ils ne voient pas le danger là où il se trouve, c'est-à-dire de l'autre côté ». Les Français s'occupaient alors uniquement de leur politique intérieure. Certes les réformes sociales étaient indispensables, mais il aurait fallu aussi écouter les conseils d'un certain colonel De Gaulle – il avait prévenu de ce qui se passait de l'autre côté du Rhin et préconisait un armement moderne adapté à la défense de la France -, au lieu d'attendre mai 1940 pour l'appeler au gouvernement. C'était au moment de la débâcle, un mois avant l'appel du 18 juin.

Janvier 80

André CERF
Paris, 1904
Paris, 1993

Assistant et scénariste-dialoguiste chevronnés, André Cerf travaille avec des cinéastes aussi différents que Marcel L'Herbier, Jean Renoir ou Anatole Litvak, après avoir été figurant dans « Napoléon » de Gance (1926) et acteur dans « Nana » (1926) de Renoir.

Depuis le muet, l'amour de son métier est sa force motrice : « Le chien jaune », « L'équipage » (1935), « Le mioche », « Nuits de feu », « Métropolitain » (1938), « Les frères Bouquinquant », « Le signal rouge » (1948), « Austerlitz » (1960) en témoignent.

Lui-même a réalisé plusieurs films, le premier, « La joie d'une heure » (1929), tourné en muet, est victime du parlant et n'est jamais sorti.

Ami de René Clair, le brillant contestataire d'un théâtre filmé très en vogue au début du parlant, André Cerf fait revivre cette époque charnière du cinéma.

Quelle fut votre position face au parlant ?

J'étais très ami avec René Clair et nous partagions les mêmes idées sur le point suivant : détestant l'inter-titre, nous cherchions à limiter son emploi au maximum. De plus, le cinéma muet avait obtenu un certain style et notre devoir était de travailler dans ce sens. La perfection, selon nous, s'appelait Charlie Chaplin.

D'un seul coup, le parlant démolissait toutes nos théories. Son principal défaut était de prendre trop de temps pour expliquer les choses les plus simples, ceci à cause de la lenteur évidente de la parole par rapport à la rapidité de langage de l'image muette. Nouvellement installés, les studios de la Paramount reprenaient, plus ou moins bien, les ficelles du vieux théâtre, et dans ce style, seul Marcel Pagnol s'en est tiré convenablement. Aussi, même après cinquante ans, ma position demeure, je suis d'accord pour que l'image prime sur le dialogue.

Quelles difficultés techniques avez-vous alors rencontrées ?

Nous ne savions pas très bien ce que le parlant allait devenir. En fait, les tout premiers films furent surtout l'apanage du music-hall, les producteurs songeant uniquement à investir dans des scénarios chantés. C'est pourtant à ce moment charnière – fin 1929 – que j'ai réalisé mon premier film comme metteur en scène : « La joie d'une heure ». Mon interprète principal était Georges Pomiès que j'avais rencontré l'année précédente sur le tournage du « Tire au flanc », version Jean Renoir.

Georges Pomiès est mort très jeune...

Oui, brusquement, malgré les liens d'amitié qui nous unissaient, il ne m'a plus donné aucune nouvelle et je ne l'ai plus jamais revu. Longtemps après, sa sœur m'a fait connaître les circonstances véritables de sa disparition... Georges décéda juste après « Ciboulette », réalisé par Claude Autant-Lara, c'est-à-dire en 1933. Sa carrière promettait beaucoup, il avait en lui un côté rêveur et une onde poétique très attachante.

Près de lui, j'avais choisi pour héroïne Sylvia Bataille, qui connut une certaine notoriété par la suite, dans « Partie de campagne » de Renoir.

Évoquons les différents tournages où vous étiez assistant. Pour « L'équipage », vous aviez Anatole Litvak comme metteur en scène...

Litvak désirait que le combat aérien soit plus visuel qu'il ne devait être en réalité. Il exigea, en particulier, que l'on puisse voir la flamme des balles sortir des mitrailleuses.

Nous avons éventré, un machiniste et moi, des fusées de la guerre 14-18, et avons mélangé à la poudre du sucre de lait. Mais pour les effets proprement dits, nous avons en fait, utilisé une sorte de chalumeau !

Litvak était un grand cinéaste, qui n'a pas aujourd'hui la place qu'il mérite. Très pointilleux, il savait ce qu'il voulait, surtout vis-à-vis des acteurs. Malgré une situation enviée – et le triomphe de « Mayerling » – il accepta de partir à Hollywood où il continua une belle carrière.

Toujours au sujet de « L'équipage », rencontrant Jean-Pierre Aumont dernièrement, je lui ai rappelé un plan, tourné au moins quarante fois, où il figurait avec Charles Vanel, celui de la fameuse phrase : « Dites-moi Herbillon, ce qu'il y a entre ma femme et vous » ? A force de la répéter, elle devenait amusante et Jean-Pierre éclatait de rire à chaque fois. D'ailleurs ce tournage a été marqué par la bonne humeur ; seul, le producteur avait l'air morose car il voyait sa pellicule – et son argent – filer à vive allure ! A sa sortie « L'équipage » obtint un grand succès commercial.

Jean Murat, autre vedette masculine de ce film, n'est-il pas un peu oublié ?

Voilà un garçon qui ne faisait pas d'esbroufe et c'est sans doute pourquoi sa carrière n'a pas toujours tenu ses promesses.

Mais il n'est pas le seul ! Georges Charlia, également, est oublié ; il est vrai que le parlant ne l'a pas favorisé. A ce moment-là, un grand fossé s'est produit, provenant du fait qu'au temps du muet, il suffisait qu'un réalisateur rencontre une personne dans la rue, la trouve agréable, et de la sorte l'engage dans son film. Or, la plupart du temps ces acteurs devenaient « impossibles » au cinéma parlant.

Les producteurs ont donc préféré porter leur choix sur des gens du métier, recrutant en grande majorité des acteurs de théâtre.

Léonide Moguy est un cinéaste assez décrié. Vous-même, quelles réflexions ses films vous inspirent-ils ?

Moguy était obsédé par l'idée du message, disons-le, un peu lourd parfois. J'ai travaillé avec lui au scénario du « Mioche » – certainement le moins messager de ce genre bien précis – dans lequel le fantaisiste de talent, Lucien Baroux, était si amusant.

Vous étiez aussi au générique du « Chien jaune », l'un des tout premiers Maigret du cinéma. Jean Tarride s'occupait de la mise en scène et son frère, Abel, incarnait Maigret.

Jean Tarride était un homme agréable ; nous avions déjà collaboré à de nombreux courts métrages, parfois même des moyens métrages, ou 1 200 mètres, accomplis en huit jours. Un reproche pourtant : sa discrétion. Certes, il aimait ses sujets, mais dans ce métier il faut mordre dans la pellicule si l'on veut parvenir à un bon résultat. Il avait contre lui une certaine nonchalance qui le défavorisait.

Dialogué par Jacques Prévert, « Si j'étais le patron » est une très amusante comédie...

Richard Pottier était un excellent technicien. Ce qui ne nous a pas empêché de « discuter » assez longuement au sujet de ce film (le scénariste rencontre quelquefois des difficultés avec son metteur en scène). Mireille Balin était débutante, bien encadrée par Max Dearly et Fernand Gravey qui l'ont activement épaulée sur le plateau.

Dearly était l'un des premiers fantaisistes de l'époque. Je me souviens l'avoir vu dans « La belle Hélène » : il était irrésistible ! Son maintien grave était sans cesse oppposé à ses propres actes, voilà le secret de son comique. Avec ce genre d'acteurs, il leur suffisait de lire le texte deux fois et ils le savaient. De plus, ils ajoutaient à la mise en scène.

Avez-vous eu des projets de scénario avec vos amis, les frères Prévert ?

Au début de 1939, nous avons travaillé, Jacques Prévert et moi, à une histoire intitulée prophétiquement « On se tuera demain ». Notre productrice devait être Denise Tual ; tout avait été minutieusement préparé. Puis, les événements que vous savez sont arrivés et ont arrêté sa réalisation. La guerre a coupé bien des carrières de cette façon.

Je me souviens que nous avions l'habitude d'aller travailler dans un restaurant des Buttes-Chaumont. Malheureusement les temps étaient troublés et nous avons dû déserter cet endroit par suite de menaces politiques. Jacques semblait y avoir été reconnu...

Quel était le caractère de Jacques Prévert ?

C'était un raconteur fantastique. Il avait des idées sur tout.

Étaient-elles surtout politiques ?

Non, pas tellement... je dirais plutôt qu'elles étaient d'une philosophie et d'une amoralité souriantes. Il n'y avait pas de discussions politiques entre nous. On était tous du même bord, ou à peu près. En principe on partageait les mêmes idées. C'était surtout une réunion basée sur l'amitié.

Aviez-vous un lieu de rencontre priviligié ?

Nous allions d'abord au « Deux-Magots ». Il y avait les Prévert, Jacques et Pierre, Louis Chavance, Marcel Duhamel, Louis Daquin, Alexandre Trauner, Marcel Carné parfois. Puis à la suite d'une broutille, on a émigré au

« Flore ». Le patron, un homme très sympathique, s'appelait Boubal.

Au cours de ces réunions, Jacques était très écouté.

Comment s'exprimait son côté rêveur ?

Dans ce métier, on est tous un peu rêveur...Jacques ne vivait pourtant pas spécialement dans les rêves. Au contraire, le soir, au Flore, il avait une grande facilité d'élocution et abordait tous les sujets avec un brin de fantaisie et une abondance qui nous captivait.

Comment situeriez-vous Pierre par rapport à Jacques ?

J'ai rarement vu autant de complicité, de communion d'idées et d'entente mutuelle entre deux frères. Pierre était moins « discoureur » que Jacques. Il était plus jeune aussi. Pierre écoutait son frère comme nous l'écoutions tous, c'est à dire avec admiration.

Le cinéma des frères Prévert représente aujourd'hui un cinéma de gauche associé au Front Populaire...

Absolument. Poutant, dans nos réunions la politique n'était pas notre fort. Il y avait toujours, bien sûr, un petit côté anarchisant. Comme pour toute génération nouvelle nous voulions refaire le monde à notre image, et le cinéma en particulier.

Comment réagissiez-vous à la vie artistique du moment ?

Je peux dire avec une certaine moquerie, une certaine raillerie sur ce qui existait déjà. Tous nous étions des aspirants metteurs en scène.

Vous avez participé, dans un autre « style », à plusieurs films dont la vedette était Gaby Morlay.

Gaby avait parfois la dent dure et jouait souvent de sa voix aiguë, si difficile pourtant à entendre. C'était, malgré tout, une excellente comédienne. Dans « Entente cordiale », de Marcel L'Herbier, elle composait, affublée d'un embonpoint gênant, une reine Victoria extraordinaire. Je me souviens aussi qu'à l'occasion de la scène du tribunal dans « Nuits de feu », Gaby semblait toute petite à côté de Victor Francen. Cette disproportion aurait pu faire rire... nous avons eu l'idée de disposer une lorraine – une sorte de poutre qui partait en biais – et à mesure que Gaby avançait sur la lorraine, pour être à peu près à la hauteur de Francen, la caméra la suivait. Ce sont là les artifices du métier !

Dans ce dernier film, Gabriel Signoret, interprète du substitut cauteleux, n'était-il pas un comédien typique du mariage théâtre-cinéma ?

On pouvait lui faire jouer n'importe quoi, n'importe quel dialogue passait. S'il s'agissait de Pierre Larquey, le même miracle se produisait. Tous deux faisaient partie d'une race d'acteurs méticuleux, étudiant scrupuleusement leurs rôles, en compagnie du metteur en scène ou de l'assistant.

Réalisé également par L'Herbier, « Forfaiture » ne s'avérait-il pas un remake délicat ?

Le premier « Forfaiture » est une date importante dans l'Histoire du Cinéma. Sous forme d'hommage, nous l'avons retourné, tout en bénéficiant d'un avantage déterminant : la présence renouvelée du célèbre acteur nippon, Sessue Hayakawa (je devais me débrouiller seul avec lui, ce qui n'était pas facile car il ne parlait pas un mot de français). A notre générique, également, Louis Jouvet, qui n'avait pas une bien grande opinion du cinéma, et Eve Francis, l'interprète de bien des classiques muets. Depuis que L'Herbier et elle avaient tourné « El Dorado » en 1921, elle figurait dans la quasi-totalité de ses films. Elle fut créditée au scénario : une petite complaisance de la part de L'Herbier.

Avec quel metteur en scène avez-vous eu une véritable collaboration ?

Je me suis toujours très bien entendu avec René Clair, sans avoir été son assistant. J'ai participé à la plupart de ses scénarios et ceci depuis le moment où il habitait encore chez ses parents ! J'ai été aussi l'assistant de Renoir pour plusieurs films : « Charleston » en 1927, « Le tournoi » en 1929.

Marcel L'Herbier et Jean Renoir devaient être deux entités opposées ?

Si L'Herbier était parti des films d'Avant-Garde aux films commerciaux, chez Renoir, en revanche, existait une volonté de créer l'originalité qu'il réussissait parfois, en effet, à reproduire. Dans ses moindres paroles, Renoir affichait une force de persuasion que j'ai rarement ressentie ailleurs. L'Herbier, lui, était distant, mais se montrait un professionnel merveilleux. Il m'étonnait souvent par certaines solutions de dernière minute, alors que l'opérateur n'y avait même pas songé. Pour le scénario, c'était autre chose. On ne peut pas dire qu'il exprimait un sens très développé des raccourcis cinématographiques.

Et vous pouviez vous adapter à l'un comme à l'autre ?

Il fallait bien ! Chacun avait ses qualités et ses défauts.

Et Abel Gance ?

J'avais joué un rôle microscopique dans son « Napoléon » de 1926 (la séquence de la prise de Toulon). Trente ans après, je le retrouvais pour le scénario d'« Austerlitz ». Je devais appartenir aussi à la seconde équipe, mais j'ai été finalement viré par Roger Richebé. Les excentricités de Gance étaient démesurées. Imaginez que son premier devis atteignit la valeur de six gros annuaires de téléphone ! A son sujet, les critiques ont beaucoup brodé. Pourtant personne n'a rien inventé et l'idée de mettre une caméra sur une roue – ou deux – est venue à plusieurs cinéastes à la fois. A la fin de sa vie, Gance m'a semblé atrocement aigri.

A travers tous ces films, comment définiriez-vous la fonction d'assistant ?

L'assistant n'a pas droit à la considération qu'il mérite. C'est lui, en effet, qui se fait engueuler par le producteur, car il doit veiller à tout, et qui fait répéter chaque plan tourné le lendemain par le metteur en scène. Contrairement à ce que pense le public, l'assistant n'est pas simplement celui qui va chercher des cigarettes.

La personnalité d'un assistant peut-elle supplanter celle d'un metteur en scène ?

Un tel phénomène se produit parfois. Sans faire de critiques, il m'est souvent arrivé de remplacer au pied levé un cinéaste pour cause de maladie (ou autres) : par exemple, Litvak, au cours de la réalisation de « L'équipage », a été souffrant... De la sorte, l'assistant doit s'arranger pour reproduire le même travail que lui, sinon mieux. N'oublions pas aussi que l'essentiel, pour créer un bon film, consiste à avoir une bonne équipe en main ; tout est question de coopération.

Dans ce sens, un film a-t-il le droit d'être signé par une seule personne ?

Le metteur en scène doit convaincre le producteur et constituer son équipe, si possible avec les meilleurs. Là, intervient sa personnalité. Il doit savoir également s'imposer. Renoir savait le faire, cela n'empêchait pas pour autant ses collaborateurs de prendre des initiatives.

Vingt ans après « La joie d'une heure », vous réalisez votre second film : « Si jeunesse savait »...

Il n'a pas marché comme il aurait dû. La pruderie de l'époque et une certaine timidité ne m'ont pas permis de montrer certaines choses. Le principal reproche que je pourrais lui faire est qu'il n'est pas assez violent.

Son aspect poétique, à qui le rattachez-vous ?

On m'a accusé, bien sûr, de « faire » du René Clair. Mais j'ai surtout suivi ma maxime favorite : « Mon métier doit susciter le rêve ». Saturnin Fabre et Jules Berry étaient deux acteurs merveilleux avec lesquels j'ai adoré travailler. Berry était à la fin de sa carrière (il avait les mains pleines de rhumatismes). Curieusement, il passait ses nuits au cirque ! Le jeu de Saturnin était très caractéristique : il parlait « à faux » en inversant les accents toniques. Par contre, le gamin du film ne me satisfait pas.

Cette fable de « Si jeunesse savait », voudriez-vous qu'elle se réalise ?

Ce film concrétise un vieux rêve : tout recommencer. Vous me parlez de mes souvenirs et cela me fait directement penser à mon âge. Le plus important dans l'existence est de ne pas vivre de regrets. Malheureusement cela arrive parfois !

Octobre 80

Georges CHARENSOL
Privas, 1899
Paris, 1995

Georges Charensol est l'un des critiques d'art et de cinéma les plus connus. Journaliste, théoricien, il a traversé l'Histoire du Cinéma ; son témoignage est donc essentiel.

C'est avec l'arrivée en France des premiers chefs-d'œuvre américains, dont « Forfaiture » (1915) de Cecil B. De Mille, qu'il découvre le cinéma. Après la Grande Guerre, l'influence de Louis Delluc est déterminante... elle marque profondément sa carrière. Dès 1917, il avait participé au « Bulletin du Touring-Club », mais il est surtout connu pour avoir été, depuis 1945, critique de cinéma aux *Nouvelles Littéraires*.

Georges Charensol a écrit de nombreux ouvrages (*40 ans de cinéma* en 1935, *Un maître du cinéma : René Clair*, en 1952), a animé « Le masque et la plume » à la radio, a rencontré en somme toute l'intelligentsia de ce siècle.

Avec le temps, certaines œuvres, muettes et parlantes, dirigées par des artistes habités par le souci de la recherche stylistique n'ont-elles pas, parfois, moins bien passé le cap que certains films, plus modestes ?

Ceux qui ont voulu renouveler l'expression de l'image, et par-là même faire de l'art, n'en ont en réalité pas fait, c'est pourquoi leurs singularités nous apparaissent bien périmées.

Les films de talents et de conceptions relativement moins éclatants tiennent certainement mieux le coup.

Ce retournement de situations n'est-il pas assez étrange ?

Nous apprécions aujourd'hui une technique sobre, ce qui s'oppose à des cinéastes comme Marcel L'Herbier, prototype même de l'esthète qui a essayé de faire plus qu'il n'était capable.

A son apparition, avez-vous considéré le parlant comme une injure ?

Absolument pas, bien que la grande polémique entre René Clair et Marcel Pagnol se révélât tout à fait justifiée. Des hommes de théâtre comme Sacha Guitry, et Pagnol lui-même, voyaient simplement dans le parlant une façon habile de porter leurs pièces à l'écran. Erreur dont l'un et l'autre sont revenus (« *Le roman d'un tricheur* » et « *Manon des sources* » font figure de « vrai » cinéma). Mais à l'origine, ils ne l'ont d'ailleurs pas caché, ils ne considéraient l'élément sonore que comme un moyen – fort lucratif – de diffuser leurs œuvres. Il était donc normal qu'un metteur en scène intelligent, comme René Clair, ne veuille pas admettre la mort de l'art cinématographique, en particulier, sa totale féodalité vis-à-vis du théâtre.

Malgré tout, le parlant avait indéniablement apporté quelque chose au cinéma et après avoir adapté des flots de pièces, il a fini par se créer son propre langage pour devenir ce que nous savons.

Comment expliquez-vous que certains metteurs en scène, à l'image de Jean Epstein, ne se soient jamais « adaptés » au parlant ?

Vous citez le cas type de l'esthète, auteur de recherches extrêmement intéressantes, à mon avis supérieures à celles de L'Herbier. Or, vers 1930, période troublée où les dramaturges semblaient bien prendre le pas sur les cinéastes du muet, Epstein s'est trouvé déconcerté. Il n'a d'ailleurs pas été le seul, ce qui peut paraître justifié !

Dans ce sens l'image doit-elle supplanter le texte ?

L'image et le texte doivent équitablement s'accorder. Si je prends l'exemple de Pagnol, que j'ai très bien connu, il faut savoir qu'il ne mettait jamais les pieds sur un plateau. Assistants et techniciens se chargeaient de tout régler à sa place pendant que lui s'enfermant dans la cabine sonore, écoutait son texte, à l'affût de la moindre virgule manquante. Plus tard, il a enfin compris qu'il devait s'occuper aussi de l'image.

Au moment où la Nouvelle Vague prenait son plein essor, j'ai donné aux étudiants de l'I.D.H.E.C. un cours à ce sujet.

L'échec fut complet. J'avais eu l'imprudence d'affirmer qu'un film devait se préparer d'abord sur le papier.

Je suis contre l'improvisation, car l'idéal d'un vrai cinéaste est d'établir son découpage de manière identique à son montage.

Contestez-vous l'importance de Jean Renoir ?

Je ne la conteste pas car Renoir a réalisé des films étonnants et il était, de plus, un ami que j'ai profondément admiré. Mais il est certain, cependant, que son œuvre présente un déchet énorme : déjà toute la première partie, de ses longs métrages interprétés par sa femme, Catherine Hessling, jusqu'au « Tournoi ». Quant à son adaptation de « Madame Bovary », elle est vraiment très mauvaise. Il a ensuite redressé la barre avec « Le crime de Monsieur

Lange » et « La grande illusion ». Ce dernier film est certes merveilleusement mis en scène, mais il faut être lucide, Renoir avait tout de même à sa disposition un scénario en acier de Charles Spaak – ce qu'on ne dit jamais.

De même, on encense beaucoup « Boudu sauvé des eaux », bien proche pourtant du théâtre filmé. J'ai assisté à la générale de la pièce de René Fauchois et vous assure de la parfaite similitude entre la représentation sur scène et le film de Renoir. Il l'a donc très bien photographiée et avait sous la main deux acteurs prodigieux, Michel Simon et Charles Granval. Néanmoins « Boudu sauvé des eaux » est de René Fauchois, avant d'être de Renoir. Souvent on ignore même l'existence de la pièce qui, après avoir obtenu un triomphe, a permis effectivement, suivant la conception personnelle de Fauchois, sa mise en film.

Il existe dans le cas de Renoir une telle surenchère qu'il est devenu un bloc dans l'Histoire du Cinéma. En fait, si vous regardez avec attention sa filmographie, notamment ses films américains, on ne peut que constater sa terrible inégalité. Malgré ce que peuvent penser la plupart des cinéphiles, tous ses films sont loin d'être des chefs-d'œuvre.

Pouvez-vous nous expliquer pourquoi vous aimez le cinéma ?

Spectateur depuis l'âge de cinq ans, j'ai été très intrigué, dès ma plus tendre adolescence, par une comédie intitulée « La course aux potirons » qui présentait des truquages tout à fait extraordinaires et une intrigue du plus haut comique. Puis il s'est trouvé qu'en 1916, j'ai découvert le cinéma américain dans une salle de quartier à Lyon : les premiers chefs-d'œuvre de Griffith, « Les mystères de New York », et surtout « Forfaiture » qui a pris la forme d'une authentique révélation.

Une question est alors venue à mon esprit : le cinéma, que je considérais comme un très agréable divertissement, n'était-il pas, en fait, un art ?

Pourtant je ne reverrais pour rien au monde « Forfaiture », car je suis sûr qu'il s'agit maintenant d'un affreux mélo ! Mais pour moi ce fut un événement fondamental qui m'a prouvé qu'il existait bien un Septième Art.

Un art où interviennent cependant des talents très divers...

Pour chaque film, le problème est différent. Certaines œuvres sont collectives, en particulier les films américains dont les véritables chefs d'orchestre sont souvent les producteurs. Cette forme d'art a donné d'incontestables réussites. Et puis il y a des talents comme Stroheim, Eisenstein, Clair, De Sica, Bergman, Kurosawa qui sont de vrais créateurs. Ce sont deux classifications bien distinctes où, d'un côté, vous avez d'excellents techniciens qui, aidés d'une bonne équipe, se contentent de traduire, au mieux, ce qu'on leur apporte, et de l'autre, des cinéastes qui imposent leur marque à des fictions de leur choix. Remarquons que certains films peuvent aussi présenter ces deux théories. Mais en matière d'art, il est très difficile de faire des généralités, les bases en sont trop individuelles, et je me refuse à cataloguer le cinéma par petites cases bien fermées.

Est-il selon vous l'art le plus ouvert ?

Je vais vous confier le fond de ma pensée, une réflexion d'ailleurs assez grave, en ce sens où, aujourd'hui, je ne vois pas dans notre monde moderne de grands musiciens, de grands peintres, de grands auteurs dramatiques... et j'en viens à cette conclusion que le cinéma est bien le seul domaine à apporter vraiment quelque chose et le seul où il y a tout de même des talents éminents.

Octobre 90

Colette DARFEUIL
(Emma Henriette Floquet)
Paris, 1906
Paris, 1998

Vamp jusqu'au bout des ongles, Colette Darfeuil est la belle fille aux yeux enjôleurs du cinéma français des années trente et quarante dans des films comme « Le rosier de Madame Husson » (1931), « Baroud », « Monsieur de Pourceaugnac », « Michel Strogoff » ; après-guerre, « Le furet » et « Bibi Fricotin ».

A ce registre particulier elle ajoute de réelles qualités dramatiques dans des films auxquels elle donne aujourd'hui sa préférence. Il s'agit de « La fin du monde », l'un des tout premiers parlants (1930), de « La maison dans la dune » réalisé en 1934 par Pierre Billon et interprété par Pierre Richard-Willm, et d'« Escale » de Louis Valray (1935).

Colette Darfeuil a eu pour partenaires Harry Baur dans « Le patriote », Pierre Fresnay dans « Chéri-Bibi » et « L'escalier sans fin », Raimu dans « Minuit, place Pigalle » et « Untel père et fils », Fernandel dans de nombreuses comédies.

Jusqu'aux années cinquante, l'ensorceleuse a déployé un abattage certain, non dénué d'humour et de fantaisie.

Vous avez débuté dans ce métier de façon curieuse...

Alors adolescente, j'ai accepté d'accompagner une amie qui désirait la dédicace d'une vedette et, remplie de curiosité, je l'ai suivie jusqu'aux studios Gaumont. Or, une seule d'entre nous eut le droit de pénétrer sur le plateau. Je restai donc à l'attendre dans un bureau, en compagnie d'un monsieur à l'allure sévère et d'un beau garçon qui commence à me regarder... Fait irruption un homme affairé : « Débrouillez-vous, il me faut une fille immédiatement ! – Mais vous l'avez ici », lui répond le jeune homme, me désignant. « Voilà, continue le monsieur affairé, s'adressant à moi maintenant, je veux une fille comme vous. Ce n'est pas difficile, vous n'aurez qu'à verser une tasse de thé ».

Je ne savais plus quelle attitude adopter et répétais sans cesse « Maman ne veut pas, Maman ne veut pas » ! Ils ont tellement insisté, et si gentiment que, malgré ma frayeur, j'ai accepté. Pierre Colombier, que j'ai retrouvé comme metteur en scène dix ans plus tard, s'est toujours souvenu de cette anecdote, pour lui, amusante. Il m'a fait maquiller et m'a entraînée dans un petit salon reconstitué pour tourner ma scène et un gros plan. Madame Poirier m'adressa un large sourire pour me réconforter : « Elle sera très bien, cette petite ».

Lorsque je suis rentrée chez moi, ma mère a tout de suite remarqué que je n'étais pas comme d'habitude. Nous nous démaquillions à l'aide de vaseline, ce qui laissait des traces affreuses. Mes aveux la consternèrent. Quelle honte, alors, de faire du cinéma !

Après des premiers pas aussi singuliers, avez-vous ressenti l'ambition de devenir comédienne ?

Disons que les événements se sont agencés progressivement. J'ai participé à un concours de beauté où j'ai prétendu avoir 18 ans, alors que j'en avais tout juste quinze, mais on s'est vite aperçu de mon petit mensonge et je n'ai pu concourir.

Les cheveux longs – j'étais alors très brune – ma silhouette me prédisposait à jouer les jeunes filles distinguées et, lors des essais du parlant, les enregistreurs du son ont jugé ma voix tout à fait satisfaisante. J'ai même participé à des essais en maillot de bain destinés aux producteurs américains, qui sont toujours à l'affût des talents français... On m'offrait une situation dorée et ils m'ont pressée de partir aux USA. Au dernier moment, j'ai préféré refuser.

Vous avez assisté aux premiers tournages du cinéma parlant.

L'homme du son commandait tout sur le plateau.
Il était « le » maître.
L'un des premiers films parlants a été « La fin du monde » que dirigeait Abel Gance.
Gance était le poète de l'écran. Il venait de réaliser deux très grands films, « La roue » et « Napoléon ».

Quel était son caractère ?

C'était un homme très raffiné et d'une douceur extraordinaire.
Il était également acteur dans « La fin du monde ». Il y avait aussi Victor Francen, un comédien qui m'a beaucoup intimidée. Je le voyais immense (je n'étais pas très grande) et n'osais pas le regarder... Si bien qu'à la deuxième répétition il m'a dit : « Madame Darfeuil, j'aimerais bien voir vos yeux... » !

« La fin du monde » est un film qui a connu de nombreuses difficultés...

Oui, plusieurs metteurs en scène se sont succédés (trois ou quatre) ; le tournage était donc assez bouleversé. De plus, nous étions au début du parlant et nous tournions deux versions, une française et une anglaise. Pour une scène, Jean Epstein, l'un des réalisateurs, avait décidé de me faire porter une robe de son choix... alors qu'il s'agissait d'un enchaînement sur un plan déjà tourné (le spectateur aurait pu se montrer surpris de me voir porter

une robe blanche... qui devenait noire quelques secondes plus tard !).
Gance était un metteur en scène « très cher » qui recherchait la perfection. Ce qui n'était pas du goût des producteurs... Beaucoup plus tard, j'ai participé à la fête qui était donnée en son honneur, pour ses 90 ans. Il était presque dans la misère... Son enterrement fut somptueux : un hommage mérité mais tardif.

Quel a été votre emploi ?

J'ai commencé par jouer les ingénues dans les films muets ; puis les coquettes, tirant un peu sur le comique.
J'aimais les films qui « bougeaient », où il y avait de la vie.

Acceptez-vous le mot « vamp » à votre sujet ?

J'étais la « fille » qu'on remarquait. On dit d'ailleurs vamper quelqu'un...

Dans les films j'avais toujours de très jolies toilettes.

Que stipulaient les contrats de l'époque ?

Ils étaient très sérieux, j'ajouterais même davantage qu'aujourd'hui. Avant de les signer, nous étions obligés de passer une visite médicale et l'on exigeait de vous certains « dons » comme jouer au tennis, savoir nager ou monter à cheval.

Mettiez-vous de l'ambiance sur un plateau ?

J'aimais sympathiser et m'amuser en compagnie de toute l'équipe (avec toujours à l'esprit la tristesse d'envisager le dernier tour de manivelle et de se quitter...).

Si les comédiens forment une grande famille, ils se fréquentent, en fait, assez peu. Pour ma part, j'aimais inviter les techniciens à prendre l'apéritif au début du film, et à terme, j'offrais toujours une petite soirée.

Quelles impressions ressentiez-vous lors de l'élaboration d'un plan ?

J'éprouvais une sensation très curieuse à l'approche progressive de la caméra. N'arrivant plus à avaler ma salive, une sorte de trac me paniquait et, pourtant, je pense ne jamais avoir laissé percevoir mon trouble. J'avais en moi l'audace des timides.

Vous est-il arrivé de rencontrer des difficultés au cours d'un tournage ?

Pendant celui du « Rosier de Madame Husson », un différend s'est présenté entre la production et moi. J'étais à Berlin lorsque je reçois un appel pour ce film, qui nécessitait seulement deux jours de présence. J'étais libre, j'accepte donc.

A mon arrivée sur le plateau, l'habilleuse me tend une petite robe, l'assistant me présente mon rôle et je me mets à lire mon texte. Quelle ne fut pas ma stupéfaction en découvrant des répliques d'une grossièreté, d'une vulgarité... je ne pouvais accepter ! Ma rébellion entraîna immédiatement un constat d'huissier.

Nicolas Farkas, chef-opérateur de mes amis, a senti la discussion s'envenimer et n'a pas hésité à me faire comprendre que j'allais au devant des pires ennuis. Me ravisant, je m'adresse au metteur en scène : « J'ai une proposition à vous faire ; muette, cette séquence serait aussi réussie. Je parlerai à l'oreille de Fernandel et, en fonction de ses expressions, le public comprendra très bien ce dont il s'agit ».

Finalement ce subterfuge a porté davantage. Il fallait écouter les murmures des spectateurs dans la salle : ces sous-entendus les ravissaient ! Ce film m'a occasionné, en fait, un tort considérable, car d'innombrables propositions ont afflué dans ce sens.

Trois ans plus tard, votre personnage de « La maison dans la dune » vous révèle dans une composition dramatique.

Pierre Richard-Willm avait compris mon véritable tempérament et je lui dois ce que j'appelle mon premier vrai rôle, en dehors des femmes frivoles, qui certes étaient amusantes à composer, mais ne relevaient pas d'un grand esprit artistique.

Pourtant ces rôles vous faisaient aduler du public masculin...

A ce sujet, je précise que dans certaines séquences, je n'acceptais personne sur le plateau. Ainsi, pour un film de Maurice Cammage, avais-je obtenu sa parole d'honneur de n'avoir autour de moi que le personnel strictement nécessaire. En effet, je portais ce jour-là un déshabillé de dentelle et de mousseline, au cours d'une scène où je devais paraître nerveuse, seule, dans mon appartement. Nous commençons à tourner et j'aperçois tout à coup deux pieds d'homme en dessous du décor. Lorsque le plan fut terminé, ce Monsieur s'est avancé et s'est présenté : « Je suis le commanditaire et je voulais absolument faire votre connaissance ». Comme un parfait gentleman, il a su, par la suite, se conduire d'une façon galante.

De quelle manière représentait-on l'érotisme dans les années trente ?

Le désir, ou si vous préférez le sex-appeal, était visible, encore l'était-il d'une manière bien plus suggestive qu'aujourd'hui ! (par exemple, on pouvait mettre en évidence de belles épaules). Lors des scènes d'amour que j'ai tournées avec Fernand Gravey, le public sentait qu'il aimait approcher « la femme », d'où notre émoi traduisible à l'écran, sans pour cela éprouver le besoin de nous exhiber crûment. En aucune façon, je n'aurais supporté les scènes minables dont l'écran nous abreuve aujourd'hui.

Par rapport aux libertés des mœurs actuelles, que pensez-vous de la morale de l'époque ?

Les épouses qui trompent leur mari sont à plaindre. A mon avis, du moment qu'un homme a donné son nom à une femme, elle ne devrait pas avoir le droit de le souiller. Le mariage était considéré comme un événement sérieux, accompagné d'une belle cérémonie. Mais les mariages d'amour entre gens bien élevés existent toujours.

Portiez-vous une affection particulière à l'égard d'une personnalité du spectacle ?

Ma rencontre avec Pierre Richard-Willm s'est déroulée dans des conditions assez originales.

Un dimanche, à Berlin, de repos dans ma chambre d'hôtel où j'étais restée seule, alors que tous mes camarades étaient partis se promener à la campagne (je n'avais pas un tempérament à me mêler aux autres), le téléphone sonne : « Richard-Willm à l'appareil. Voulez-vous m'accompagner, je vais visiter une exposition très intéressante » ? Instantanément j'ai accepté. Je ne l'avais pourtant qu'entr'aperçu – ou salué – à deux ou trois reprises. Néanmoins, sa proposition était si saugrenue et si sympathique… !

Par la suite, il a insisté auprès de la production pour que je sois l'héroïne brune de « La maison dans la dune », contraste heureux avec la blondeur de Madeleine Ozeray. Grand Monsieur, Richard-Willm faisait preuve d'élégance en toutes circonstances ; sa tenue morale était assez exceptionnelle.

Exemple inverse, toujours à Berlin, se trouvait aussi Pierre Brasseur, joyeux luron à la réputation terrible ! A chaque fois que la voiture venait nous prendre pour nous conduire aux studios, il s'arrangeait pour se coller contre moi et me presser les genoux de manière peu équivoque. Ainsi pendant une quarantaine de kilomètres (le trajet était fort long). « Monsieur Brasseur, pourriez-vous me serrer un peu moins fort » ? La riposte fut immédiate : « Je ne vous plais pas » ?

– « J'aime mon mari ». Alors il s'est esclaffé : « Fallait le dire plus tôt » ! Brasseur était un garçon charmant mais il fallait mettre les points sur les « i ».

Avez-vous bien connu Florelle ?

Lors du tournage d'« Autour d'une enquête », je la retrouvais, négligemment accoudée au bar de l'hôtel, qu'elle fréquentait sans doute un peu trop souvent. La boisson l'aidait à oublier ses malheurs : elle aimait passionnément Henri Garat qui, lui, flirtait sans se cacher avec Lilian Harvey. De mon mieux, j'essayais de la réconforter, car elle faisait vraiment peine à voir. Je lui ai conseillé de changer son style de coiffure, sa façon de se vêtir. Quelques mois plus tard, sa carrière prenait un essor considérable.

Vous avez joué avec Fernandel, Jean Gabin...

J'ai le souvenir de noubreux fous-rires avec Fernandel (ce qui parfois mettait en rogne le metteur en scène !). Par exemple, je descendais un escalier et Fernandel devait me bousculer...
« Vous ne pouvez pas faire attention », lui dis-je... A chaque nouvelle prise, nous éclations de rire !

J'ai joué en effet avec Jean Gabin dans un de ses premiers films : « Pour un soir ».

Pierre Fresnay

Dans « Chéri-Bibi », un film de Léon Mathot, une réplique était émouvante : « Derrière les nuages, il y a toujours le soleil ». Plusieurs années après, nous tournions « L'escalier sans fin », et Fresnay me rappelle cette phrase : « Vous vous souvenez... ? » Elle nous était restée à l'esprit.

Buster Keaton

Je devais valser, dans une scène du « Roi des Champs-Elysées », une coupe de champagne à la main. Ce n'était pas facile et ma robe était lourde... Très gentiment, Keaton m'a donné des indications. C'était un vrai professionnel.

Quel est votre plus beau souvenir de cinéma ?

« Monsieur de Pourceaugnac », parmi beaucoup d'autres, fut l'un des plus exaltants. Personne ne voulait de moi pour le rôle de Nérine : « Vous n'imaginez tout de même pas Colette Darfeuil en costume d'époque, elle n'est pas faite pour les classiques » entendais-je murmurer autour de moi. Sur ces entrefaites, Gaston Ravel est intervenu : « Je la connais à la ville, elle sera parfaite ».

A cette occasion, je devais porter une toilette en brocart bleu dont le tissu avait été soigneusement choisi par Ravel lui-même. Lorsque je suis arrivée sur le plateau, ce ne fut qu'un cri d'admiration ! Bercée par la musique de Lully qui nous mettait, si j'ose dire, au diapason, l'ambiance sur le plateau était des plus agréables. Ravel était un garçon subtil, certes efféminé, mais n'est-ce pas un charme supplémentaire ?

Que pensez-vous de l'élégance vestimentaire d'alors ?

Chez une femme, le chic des toilettes était primordial et il n'est pas nécessaire d'être riche pour paraître élégante.

Comment s'est déroulé le tournage du « Patriote », le film de Maurice Tourneur ?

Harry Baur était un grand comédien, qui me faisait la meilleure impression. Il était venu me voir dans ma loge, très gentiment. « J'ai quelque chose à vous demander, m'avait-il dit,... Dans la scène d'aujourd'hui, j'aimerais que le chef-opérateur cadre mon visage en gros plan, et que l'on entende votre voix sur ce plan...

- Ce n'est pas possible, ai-je repondu, étonnée, je n'ai déjà que deux courtes scènes, si ce n'est que pour entendre ma voix, prenez une actrice de la Comédie-Française. Comprenez que si l'on ne me voit pas, cette scène ne présente aucun intérêt pour moi ! »

Il régnait un silence de mort lorsque je suis arrivée sur le plateau. Nous nous apprêtons à tourner. Ma « place » était très espacée de celle de Baur, si bien qu'en effet je ne pouvais être du plan en question. Je commence à dire ma scène, m'approche de lui petit à petit et plaque ma joue avec passion contre la sienne.

« Du sang, du sang... ! », s'esclaffe Baur, aussitôt la scène terminée. Prise dans le feu de ma scène, je l'avais – bien involontairement – fait saigner avec mes boucles d'oreille.

Tout de suite on est venu auprès de lui...

S'est-il mis en colère ?

Non, nous ne nous sommes absolument rien dit. Je suis montée dans ma loge. Certains étaient hilares derrière le décor !

Étiez-vous intéressée par d'autres formes d'expression que la comédie ?

Peu de gens savent que je suis l'auteur de plusieurs scénarios, notamment celui d'un film d'Henri Diamant-Berger intitulé « Tu m'oublieras », dont la vedette était la chanteuse réaliste Damia.

Peut-on évoquer le souvenir de vos deux maris, le cinéaste Pierre Weill et le producteur René Bianco ?

Comme de mon côté, j'avais sans doute beaucoup à apprendre, je l'avoue humblement, jamais je n'aurais pu aimer quelqu'un dénué de personnalité, c'est pourquoi tous deux étaient des hommes d'esprit, intelligents et cultivés. Je tiens à préciser qu'ils ont été l'accomplissement de mariages d'amour, car malgré la mauvaise réputation du monde du spectacle, de tels événements arrivent !

Depuis de nombreuses années, j'accorde une préférence à la poésie, raison pour laquelle je fréquente habituellement des gens de lettres. En leur compagnie, je passe des moments très agréables.

René Bianco a régi une bonne partie de votre carrière. Quelles étaient les relations entre le producteur et l'actrice ?

« Si tu veux, j'ai un rôle qui pourrait te convenir, tu le prends ou tu ne le prends pas. Choisis », me disait-il. Jamais il ne s'est inspiré de ma personnalité pour écrire un scénario qui me mette particulièrement en valeur. L'ombre qui se glissait entre nous venait de ce différend. Ainsi ai-je été amenée à jouer des films comme « Franco de port » ou « Quartier sans soleil », qui n'étaient pas adaptés à mon tempérament.

Pour quelles raisons, en 1952, avez-vous cessé brusquement de faire du cinéma ?

Les producteurs s'acharnaient à me proposer des rôles sans consistance : des coquettes, des femmes légères qui, à les avoir personnifiées des dizaines de fois, ne m'intéressaient plus vraiment.

Avez-vous une anecdote insolite à nous raconter ?

Parmi les personnes qui ont été à mon service, je me souviens d'une habilleuse à l'air sévère. Je me disais qu'elle devait être bien malheureuse pour être aussi sèche et rigide... Un jour, elle arrive dans ma loge tout à fait transformée : « Je suis allée consulter une voyante ; elle est merveilleuse : allez la voir » ! Prise de curiosité, au bout de six étages sans ascenseur, accompagnée de mes deux chiens, me voici devant cette femme qui, immédiatement, se met à débiter des paroles confuses : « Vous allez, dans les vingt-quatre heures, changer complètement d'aspect. Un producteur va vous proposer un rôle très différent de ceux auxquels vous êtes habituée. Acceptez-le » !

Le soir même, on me téléphonait pour me proposer un rôle dramatique, celui de « La maison dans la dune », qui me changeait à la fois physiquement et moralement.

Dans « Escale », vous avez un rôle très fort...

C'est un film de Louis Valray. Mon personnage, très nuancé, très dramatique aussi, m'a beaucoup plu. Le texte était remarquable. A la fin, je devenais un « déchet », une « pauvre fille » rongée par la drogue.

Les extérieurs ont été tournés à Nice. Mon partenaire devait être Richard-Willm. Il n'était pas libre. Dommage !

Qu'est-ce que le talent pour vous ?

Le talent vient incontestablement de la sensibilité. C'est la base.

J'observais énormément autour de moi. J'étais intuitive.

Composiez-vous physiquement vos personnages ?

On disait que j'avais le front « trop pur ». Je me faisais des « guiches », des petites mèches qui descendaient presque jusqu'aux yeux...

Vos yeux sont très célèbres...

Au cinéma, les visages avaient alors toute leur importance. On soignait les gros plans. Et ce sont sans doute les yeux qui expriment le mieux la pensée. D'ailleurs un enfant ne recheche-t-il pas toujours l'amour dans les yeux de sa mère ?

Avril 96

Jean DASTÉ
Paris, 1904
Saint-Etienne, 1994

En 1933, Jean Vigo engage ce jeune comédien comme interprète de deux films appartenant désormais aux grands classiques du cinéma : " Zéro de conduite " et " L'Atalante ".

Cette collaboration est tragiquement interrompue par la mort de Jean Vigo emporté, l'année suivante, par une septicémie.

Si Jean Dasté, parallèlement à son intense activité théâtrale, accepte de paraître à nouveau sur les écrans, ce ne sera que pour quelques rôles de composition, auprès de cinéastes chers à son cœur : Jean Renoir (" La vie est à nous ", " La grande illusion " en 1937), Alain Resnais (" Muriel ", " La guerre est finie "), François Truffaut (" L'enfant sauvage " , " La chambre verte ").

La rencontre de Jacques Copeau s'est révélée déterminante pour l'avenir de votre carrière...

J'ai commencé dans ce métier par de simples figurations, notamment dans « Le tour du monde en 80 jours » représenté au Théâtre du Châtelet ; je n'avais alors que quatorze ans. Mais ce qui a compté pour moi, et par-là même a bouleversé ma vie, a été effectivement ma découverte en 1922 du « Vieux Colombier » et de son prestigieux organisateur, Jacques Copeau. Les deux années passées dans son école avec les « Copiaux de Bourgogne », première grande troupe théâtrale de décentralisation, ont été merveilleuses.

Ressentiez-vous également une attirance pour le cinéma ?

Ma vocation était davantage orientée vers le monde théâtral. J'éprouvais parfois le besoin de m'exprimer à l'écran suivant, bien sûr, ce qu'on voulait bien me proposer.

Quelle était la personnalité de Jean Vigo ?

Vigo était un authentique poète de l'image. Anticonformiste et plein d'humour, son univers d'adulte avait gardé intacte sa jeunesse d'enfant. Incapable de tricher avec la vie, avec les gens, il portait un regard profond sur les êtres. Sur tout, d'ailleurs.

Comment vous avait-il engagé ?

Un ami commun, Charles Goldblatt, nous avait présentés. Très vite, Vigo et moi, nous nous sommes parfaitement entendus.

Le tournage de « L'Atalante » a-t-il été difficile ?

Je me souviens surtout d'une anecdote amusante. Je devais plonger de la péniche dans le Canal Saint-Martin. Il gelait et j'avais très froid. « Dès que tu remonteras, me dit Vigo sur un ton d'excuse, on prendra soin de toi, mais j'ai absolument besoin de cette scène... » Pendant que je me préparais, il donnait ses instructions au batelier chargé de me recueillir, dans une barque, à proximité. C'est alors que ce dernier a lancé dans son jargon populaire : « Si y remonte » !

Quels ont été vos rapports avec Michel Simon ?

Silencieux, solitaire, Michel Simon ne parlait presque pas et se livrait encore moins. Son jeu me fascinait.

Et avec Dita Parlo ?

Je n'ai eu que peu de contacts avec elle. Célèbre actrice allemande, vedette des versions doublées à Berlin, elle m'intimidait beaucoup.

Avez-vous contribué, comme la plupart de vos amis, à l'effervescence du Front Populaire ?

N'ayant pas un esprit militant, je n'ai jamais appartenu à un parti politique. Ce qui ne m'a pas empêché d'être de tout cœur avec eux.

C'est ainsi que j'ai participé à l'œuvre généreuse qu'est « La vie est à nous » à laquelle, rétrospectivement, je suis très fier d'avoir collaboré.

Pourquoi cette préférence pour le « cinéma d'auteur » ?

Ce n'était pas une préférence, mais davantage des événements, des amitiés qui débouchaient sur des projets où, suivant une règle bien précise, qu'il s'agisse de pièces ou de films, je devais me sentir pleinement impliqué.

Que ce soit Vigo ou Renoir, leur respect vis-à-vis de l'acteur me touchait et c'est dans cet esprit que j'ai adhéré du mieux que j'ai pu à leurs films.

Quelles visions vous reste-t-il de Renoir ?

Avec sa corpulence et ses manières d'ours, il était en fait assez timide. Ce qui m'avait frappé en lui, c'est que, suivant l'exemple de son père, il promenait sur le plateau, comme sur chaque chose, un regard d'artiste-peintre.

Plus récemment, vous avez collaboré aux tournages des films d'Alain Resnais : « Muriel » et « La guerre est finie »...

Resnais est également un cinéaste qui aime les acteurs. Car s'il est d'abord metteur en scène, il sait aussi se comporter en être humain. Son humilité devant les comédiens m'émeut profondément.

Que pensez-vous de l'univers de François Truffaut ?

Ses films étaient le juste reflet de lui-même (j'entends intérieurement). C'est pourquoi j'ai beaucoup aimé tourner « L'enfant sauvage » et « La chambre verte ».

Après soixante ans de métier, quelles réflexions pourriez-vous formuler sur votre carrière ?

Ma vie a été marquée par l'amitié d'hommes de grand talent, dont Jacques Copeau et Jean Vigo sont en quelque sorte les esprits dominants.

A mon actif, je compte vingt-cinq années de décentralisation théâtrale, à Grenoble et à Saint-Etienne, plus de cent pièces présentées, sans oublier plusieurs récitals de poésie.

Existe-t-il des points communs entre les cinéastes des années trente et les cinéastes d'aujourd'hui ?

Si l'on peut comparer Vigo et Renoir à Resnais et Truffaut, en ce sens où chacun d'eux, à des époques bien distinctes, ont voulu créer en se portant hors du courant commercial, il n'empêche qu'ils étaient tous de nature fort différente. Quant au cinéma contemporain, je le connais peu, bien que l'univers de Fédérico Fellini, sans aucun doute, m'enthousiasme...

Septembre 80

Orane DEMAZIS
Oran, 1904
Paris, 1991

Orane Demazis doit sa formation théâtrale à Charles Dullin. Sa rencontre avec Marcel Pagnol est déterminante et aujourd'hui comme hier la comédienne incarne bien, auprès de plusieurs générations, la sensible Fanny dans la fameuse trilogie « Marius », « Fanny », « César ». Ce succès immédiat, tant sur scène qu'à l'écran, est suivi d'« Angèle » (1934), sa création la plus applaudie, de « Regain », chronique émouvante sur le retour à la terre, et du « Schpountz » (1938), comédie grinçante sur les milieux du cinéma. Sans oublier sa composition pathétique d'Eponine, dans la version 1933 des « Misérables », réalisée par Raymond Bernard.

Alors que la plupart des vedettes de l'époque revêtent une apparence sophistiquée, Orane Demazis s'impose dans des rôles sans fard, à la sensibilité peu commune.

Plus récemment elle est apparue dans les films de créateurs originaux : Luis Buñuel et « Le fantôme et la liberté », René Allio et « Rude journée pour la reine », André Téchiné et « Souvenirs d'en France » (1975).

Vos premiers succès, vous les avez connus chez Charles Dullin.

Aux premiers temps du Théâtre de l'Atelier régnait une bohème complète (nous rentrions par la cour où Dullin laissait toujours son poney...). La loge des femmes était perchée tout en haut d'un petit escalier qui ressemblait davantage à une échelle. Cette pièce n'était en fait qu'un grenier. Toutes, nous nous y changions, avant et après la représentation, dans une euphorie bien sympathique. Ces débuts étaient très modestes et, vers trois-quatre heures du matin, comme nous n'avions pas les moyens de nous offrir un taxi, nous suivions Dullin au « Lapin agile », jusqu'à l'heure du premier métro.

Comment avez-vous rencontré Marcel Pagnol ?

Alors que j'avais déjà joué chez Dullin « L'avare », certaines pièces de Pirandello et de Bernstein, Marcel Pagnol m'a demandé de créer « Jazz », aux côtés d'Harry Baur et de Pierre Blanchar.

Il faut dire que j'avais presque épuisé le répertoire que pouvait m'offrir un homme comme Dullin. Bien sûr, j'aimais l'ambiance de ces premières réussites de l'Atelier, mais je devais aussi penser à gagner un peu mieux ma vie.

Dullin n'a pas manqué de manifester son mécontentement à la nouvelle de mon départ consécutif à cette offre, et à celle d'Edouard Bourdet pour « La prisonnière », représentée à Lyon, avec de nouveau, Pierre Blanchar. « J'espère que tu ne vas pas devenir une boulevardière » m'avait-il dit, sur un ton de reproche !

Au sujet d'Harry Baur, pour quelles raisons avait-il remplacé Raimu dans sa création de César ?

Une brouille stupide est intervenue entre Raimu et Voltéra. Pagnol me l'a rapportée, je n'y étais pas. Avec sa grosse voix, Raimu parlait trop vite et ne manquait pas une occasion de faire des gaffes et, plus grave, des réflexions qu'en fait, il ne pensait pas.

Un jour, à la terrasse d'un café des Champs-Elysées, il avait eu une parole malheureuse au sujet du fils de Voltéra, récemment victime d'un accident de moto. A la suite de cette maladresse, survenue plusieurs mois après la création théâtrale de « Marius », Voltéra décida de se passer purement et simplement de Raimu pour celle, imminente, de « Fanny ». Et au moment de la première répétition, Raimu eut la désagréable surprise de voir sur la porte de sa loge, une note de service : « Monsieur Raimu est prié de rendre son manuscrit. M. Harry Baur reprendra le rôle ».

Imaginez sa colère ! En revanche, il a été de la distribution de « Fanny » au cinéma.

Roger Richebé, semble-t-il, le voulait absolument pour la version filmée...

Pagnol a insisté davantage que Richebé pour maintenir le générique original du premier film. Pierre Fresnay, quant à lui, était sous contrat avec Sacha Guitry au moment de la représentation théâtrale. De plus, il n'avait qu'une seule scène dans le second volet. Comme Raimu, il a repris, malgré tout, son rôle à l'écran.

Qu'avez-vous ressenti à jouer la trilogie devant les caméras, après l'avoir déjà tant fait sur scène ?

Les impressions sont très différentes. Au théâtre, vous jouez au cours d'un même spectacle votre personnage d'un bout à l'autre, alors que le cinéma vous oblige à un rythme plus lent, c'est-à-dire fragmenté, scène par scène. Or, nous avions déjà tellement épuisé les pièces que les reproduire sur un plateau ne nous changeait pas beaucoup.

Quelles avaient été les péripéties du tournage de « Marius » ?

A l'origine, les dirigeants des studios Paramount ne nous voulaient pas. Nous n'étions à leurs yeux que des comédiens de théâtre, sans nom véritable (seul, Raimu avait déjà été la vedette d'un film, la pièce filmée de Sacha Guitry, « Le blanc et le noir »). Les producteurs avaient en effet prévu leur propre distribution, avec des stars de cinéma sous contrat chez eux. Victor Francen devait être César, Henri Garat (ou Albert Préjean), Marius, et Marcelle Chantal, Fanny. Si je prétends qu'aucun n'était fait pour son rôle, je crois ne pas ôter de lauriers à leur gloire ! A vrai dire, cette répartition n'aurait eu pour but que de contrarier le sens de l'intrigue. Pagnol réussit malgré tout à nous imposer : la production avait cédé, non sans mal... Pourtant, les premiers jours, l'opérateur reçut l'ordre de filmer ses différents plans sans pellicule. On nous testait.

Dès le commencement du tournage, nous avions convenu que si Robert Kane, le directeur de Joinville, était présent, nous hisserions un petit drapeau accroché à la porte, et l'inverse s'il était absent. Ce subterfuge nous évita bien des désagréments !

Le grand réalisateur hongrois, Alexandre Korda, nous dirigeait.

Tous les matins, il nous demandait de quelle manière nous comptions jouer nos scènes. « Ne dépassez pas ici, ni là » nous expliquait-il... Voilà les seules contraintes que la caméra exigeait. Le film était tourné en trois versions : une française, une allemande et une suédoise. L'équipe allemande nous regardait et reprenait les mêmes prises de vue tout de suite après (les Suédois, eux, avaient leur propre studio).

La scène où vous vous évanouissiez près de Raimu, alors que le bateau, au loin, emporte Marius, a fait pleurer les foules...

Cette scène était le final de « Marius » et je dois convenir qu'elle n'a pas été facile à composer. Jugez plutôt. Le premier jour de répétition, je me laissais tomber aux pieds de César, sensation jugée formidable par l'ensemble de l'équipe. Le lendemain, Raimu qui avait plus d'un tour dans son sac, a voulu m'empêcher de recommencer : sans l'ombre d'un doute, il me retenait... exprès, pensant certainement que j'allais lui voler l'émotion qu'un tel effet pouvait produire. Je devais réagir et trouver autre chose. J'eus l'idée alors de m'évanouir près de lui...

Son manège était si drôle à voir qu'une grande actrice de la Comédie-Française, présente par hasard sur le plateau, n'a pu s'empêcher de s'esclaffer : « Mais enfin Raimu, laissez tomber cette petite » !

Raimu essayait-il de vous soutirer vos répliques ?

Je ne peux pas dire qu'il n'aurait pas voulu ; néanmoins, j'étais de force à me défendre. En fait, Raimu et moi, nous nous entendions bien, notre jeu s'emboîtait parfaitement, vous avez dû le remarquer à l'écran, phénomène que j'appellerais « avoir le lien ».

J'ai eu davantage de mal avec Fresnay. D'un abord plus intellectuel, je pourrais qualifier son jeu de trop merveilleusement composé. A la vérité Fresnay était un diseur, tandis que Raimu se révélait plus instinctif. Cependant, notre entente fut parfaite.

Raimu et Fresnay s'accordaient-ils ?

Amicalement Raimu l'appelait « M. Frezznay » ! Un grand respect mutuel les unissait.

Vous est-il arrivé de vous quereller pour une place au générique ? J'ai lu que Raimu n'était pas très content de l'affiche de « Fanny » qui présente uniquement votre portrait.

Je n'ai rien su à ce propos. En revanche, il est survenu de petites discussions entre Fernandel et moi, lors de la signature des contrats d'« Angèle » et de « Regain ». « Faites ce que vous voulez », avais-je répondu aux producteurs.

A mon avis, seule l'appréciation du public doit compter. Fernandel n'était pas très heureux que je le précède au générique d'« Angèle ». Trois ans plus tard, au moment de « Regain », il a obtenu gain de cause.

Grâce à la Trilogie, la mode des films marseillais a été florissante...

Mis à part ceux d'Allibert, et certaines opérettes de Vincent Scotto, je ne sais pas s'il a existé tant de films sur ce sujet. N'oublions pas que « Marius » est, à l'origine, une histoire humaine, dont l'action, certes, se déroule dans le port de Marseille. Si le récit est coloré par l'accent et la verve locale, il aurait très bien pu cependant se manifester ailleurs. La preuve en est : trois versions ont été tirées de « Marius », une suédoise, une française, et une allemande qui, elle, se situe dans le port de Hambourg !

La critique reproche parfois au cinéma de Marcel Pagnol d'être du simple théâtre filmé...

Quelle est la différence, sinon que sur scène vous êtes arrêté par quatre murs, alors que le cinéma favorise la possibilité du tournage en extérieurs ? A part ce détail, au point de vue intériorité et sensibilité des acteurs, n'éprouve-t-on pas la même émotion ? Peut-être la caméra apportait-elle plus de véracité, d'espace.

Votre popularité a été immédiate. Quelle a été votre réaction ?

J'étais simplement heureuse d'avoir remporté la partie, ajouté à la fierté naturelle d'avoir pu donner au public un peu de joie et de chaleur.

Vous êtes en premier lieu une actrice d'émotion...

J'essaye de m'intégrer totalement dans la peau du personnage. Si vous éprouvez ce qu'il ressent, « ses » mots, « ses » intonations, doivent ensuite venir naturellement sur vos lèvres. Dans la vie, si vous êtes ému, vous ne pouvez pas vous contrôler. Sur scène ou à l'écran, je voulais ressentir la même intensité, m'imprégner de la souffrance de la femme que j'incarnais et la communiquer au public.

Comment expliquez-vous le triomphe si durable de la Trilogie ?

Je pourrais vous répondre que cette renommée provient de la force et de la beauté d'un texte à la grande qualité dramatique. Le récit, en lui-même, traduit en une saga familiale où les personnages, à travers les années, sont faciles à suivre, est aussi ce qui a dû séduire des millions de spectateurs.

Quel est votre préféré parmi ces trois volets ?

Je préfère « Marius » et « Fanny » à « César ». Sans doute l'erreur tenait-elle en ce que « César », à l'inverse des deux autres, soit d'abord un film avant d'être une pièce. Dans ce cas, Pagnol aurait-il dû ne plus penser au film et réécrire la pièce ?

« Fanny » est certainement le plus émouvant.

Et vous, que pensez-vous de votre personnage ?

Que voulez-vous, Fanny est une amoureuse...

Pagnol l'a-t-il composé en fonction de votre propre nature ?

Certes, il m'en parlait et peut-être s'est-il inspiré de certaines de mes attitudes. Quelquefois, je me permettais d'émettre mon opinion, sans pour cela intervenir de façon probante. Mais, je crois, plus simplement, qu'il devait inconsciemment porter en lui cette histoire qui, dans le fond, est une simple – et belle – histoire d'amour... jusqu'au moment où il l'a traduite sur le papier...

Avril 85

Marie EPSTEIN
Varsovie, 1899
Paris, 1995

Marie Epstein fait figure de pionnière : elle est, aux côtés de Alice Guy et Germaine Dulac, l'une des premières femmes cinéastes. En 1923, elle travaille avec son frère, Jean Epstein, le futur metteur en scène de « La chute de la maison Usher » (1928), sur le scénario de « Cœur fidèle » et interprète le rôle de l'infirme, auprès de Gina Manès et Léon Mathot. A l'aube du parlant, son frère prend farouchement position en faveur du muet et se range à une vision de plus en plus épurée du cinéma.

Au cours des années trente, Marie Epstein est la fidèle collaboratrice de Jean Benoît-Lévy : « La maternelle » (1933), « Itto », « La mort du cygne », « Altitude 3200 » (1938).

Elle compte également parmi les fondateurs les plus actifs de la Cinémathèque Française (on lui doit récemment la restauration de « La roue », de Gance).

Chez elle, entre autres souvenirs, une image de « L'or des mers », film réalisé par Jean Epstein en 1932, constituait son décor familier.

Quelle a été votre perception des troubles provoqués par la naissance du parlant ?

La sortie du « Chanteur de jazz » fut à la fois une sorte de choc pour la profession et un émerveillement pour les spectateurs. Quant aux amoureux de l'image, comme mon frère, ils craignaient que le cinéma devienne du simple théâtre filmé. Les films de cette période se ressentent, d'ailleurs, des imperfections techniques et les metteurs en scène s'occupaient trop du texte à défaut de la puissance de l'image. Seul, René Clair trouva une véritable harmonie à travers ce cinéma bavard.

Votre frère ne se situait-il pas volontairement en marge du circuit commercial ?

Jean considérait les films d'art et d'essai comme des produits pilotes qui annonçaient toujours les futurs succès commerciaux de demain. A ce propos, la scène de fête foraine dans « Cœur fidèle », long métrage présenté seulement trois jours au cinéma Marivaux, déclencha une véritable bataille d'Hernani ! Déchaîné, le public cassait les sièges. Précisons que Jean avait placé sa caméra sur un manège, d'où l'impression d'un véritable mal de mer à la vue de certains plans. Le cinéma contemporain utilise désormais ces pirouettes techniques de façon courante.

Gina Manès, l'héroïne de « Cœur fidèle », était fort belle. Bien dirigée, elle pouvait se montrer excellente comédienne.

Pourtant, au début du parlant, Jean Epstein a dû accepter des besognes alimentaires. « L'homme à l'Hispano » et « La châtelaine du Liban » appartiennent au cinéma commercial...

Mon frère disait toujours : « Un architecte n'a pas forcément envie d'habiter les maisons qu'on lui commande... Eh bien, il faut y placer, quand même, un carreau qui vous plaît... Ne serait-ce que cela ».

Pour ce qui est de « L'homme à l'Hispano », quelques scènes demeurent attrayantes et voilà certainement un film à redécouvrir.

« L'or des mers » est pour beaucoup de cinéphiles une œuvre importante...

A mon avis, « L'or des mers » est un de ses meilleurs films. La poésie des extérieurs bretons et le naturel des comédiens non professionnels apportaient une sorte de prélude au futur Néo-Réalisme italien d'après-guerre.

« La chute de la maison Usher » est aussi une très belle œuvre, je dirais même une incontestable réussite. Si je l'aime beaucoup, c'est sans doute parce que la recherche de l'image, en tant que moyen d'expression, y est prépondérante.

Ce film, le classez-vous dans le genre fantastique ?

Il s'agissait de reproduire un climat irréel et Jean a parfaitement soigné cet aspect : tout y est mystérieux, oppressant... Il n'utilisa pas pour cela de moyens provocateurs – les décors ne sont ni chargés, ni sophistiqués, les acteurs n'ont pas de maquillage outrancier – et il préféra tirer parti de l'éclairage de la caméra, en particulier du ralenti dramatique. « Le cinéma, disait-il, est le plus réel moyen de l'irréel ».

C'était Jean Benoit-Lévy qui lui avait donné sa chance...

Jean Benoit-Lévy était un producteur courageux. Il a fait confiance à un tout jeune homme, aux idées un peu révolutionnaires – mon frère – lui permettant de faire sa première mise en scène : « Pasteur ». Cette histoire, plus exactement une biographie, n'aurait pu être qu'académique. Elle est, en fait, riche en notations singulières et Benoit-Lévy ne fit aucun obstacle au travail de Jean.

Une importante société de production, Pathé-Consortium, lui proposa ensuite un contrat. La chance continuait.

Situez-vous votre frère dans l'Avant-Garde ?

L'Avant-Garde, c'est la recherche de nouvelles formes d'expression, qu'elles soient techniques ou stylistiques. Dans ce sens, on peut dire, si vous voulez, que mon frère a appartenu à la première Avant-Garde du cinéma. Il disait à ce sujet qu'un cinéma sans Avant-Garde est un cinéma mort. Il faut donc toujours continuer à chercher, à progresser, à évoluer.

« La femme du bout du monde » est son dernier film avec des acteurs connus...

Jean aimait beaucoup ce film. Mais l'insuccès critique fut total. Le public, malgré les présences de Jean-Pierre Aumont et Charles Vanel, ne suivit pas davantage. Il décida donc de ne plus s'embarrasser de contingences commerciales et de s'exprimer désormais tout à fait librement.

On note chez votre frère une passion évidente pour la mer.

Une passion ne s'explique pas, on la porte en soi, c'est tout.

Sa découverte de la Bretagne fut pour lui un coup de foudre, comme s'il était en présence d'une vérité... Plusieurs films témoignent de cet esprit : « Finis terrae », « Mor-Vran », « L'or des mers »... C'étaient des histoires simples, filmées dans des décors naturels, avec les gens du pays. La recherche du naturel, de la vérité l'ont accaparé juqu'à sa mort. Il a d'ailleurs appelé cette période : « Aux approches de la vérité ».

Parlons de votre association avec Jean Benoît-Lévy. Dans les films que vous avez réalisés, la jeunesse tient la première place. Pourquoi ce choix ?

Avant notre étroite collaboration, Benoit-Lévy avait déjà fait plusieurs films d'éducation (je n'ai travaillé qu'à ses films de fiction). Moi-même, je préférais tourner avec les enfants, car il émanait d'eux un certain naturel que je recherchais. Je m'entendais bien avec eux et nous arrivions à de bons résultats. Un enfant seul avait peur des comédiens adultes et perdait ainsi sa spontanéité. Or, dans « La maternelle », où une cinquantaine de bambins étaient présents, c'étaient aux adultes d'être intimidés ! J'avoue que ce type de rapport me passionnait.

Vous avez choisi deux fois Madeleine Renaud comme interprète (« La maternelle » et « Hélène »).

C'était le choix de Benoit-Lévy, il avait une grande admiration pour elle. Madeleine Renaud était parfaite dans « La maternelle ». Pour « Hélène », la critique lui reprocha de ne pas faire assez étudiante ; c'était tout de même une belle interprétation.

La mise en scène, avant guerre, était plutôt considérée comme un métier d'homme... Il faut avoir une si grande force de caractère et d'esprit, et c'est une telle dépense d'énergie, que cette profession est certainement plus facile pour un homme. Moi-même, je n'aurais pas eu le courage d'agir seule : je travaillais avec Benoit-Lévy.

Pourquoi ne pas avoir collaboré davantage aux films de votre frère ?

« Je suis un cheval qui tire seul » disait Einstein. Il faut être seul pour créer. Jean n'avait pas besoin des autres, ou s'il en avait besoin, c'étaient alors des exécutants qui, si possible, le comprenaient assez pour répondre parfaitement à ce qu'il demandait. Il gardait la direction de tout. C'est de là que vient son unité.

Suivons votre filmographie des années trente et dites-moi ce que vous pensez, en quelques mots, de chacun de ses titres.

« Le cœur de Paris » est très mauvais, n'en parlons plus. « La maternelle » est plus réussi ; le car du studio allait chercher nos jeunes héros dans une école, rue de Picpus, et les ramenait le soir. Ce fut l'un des tournages les plus intéressants auxquels j'ai pu participer. Sa présentation sur les écrans fut un succès.

Ensuite, il y eut « Itto » où Simone Berriau, la célèbre directrice de théâtre, avait l'air aussi berbère que vous et moi ! La photographie des extérieurs d'Afrique du Nord était soignée. Nous avons eu, grâce à l'amitié de Simone avec le Pacha de Marrakech, entière liberté quant à nos déplacements. Et c'est justement cet aspect documentaire qui reste le plus passionnant aujourd'hui.

« Hélène » comporte quelques belles séquences ; sa réalisation était honnête et même plutôt sympathique. En 1937, « La mort du cygne » a été un film très important sur la danse.

« Altitude 3200 » est-il représentatif de la jeunesse de 1938 ?

Il peut être vu dans ce sens. La distribution était très brillante : Jean-Louis Barrault, Blanchette Brunoy, Odette Joyeux, Bernard Blier, parmi beaucoup d'autres.

Et « Feu de paille » ?

Alors que la guerre était imminente, il s'agissait de présenter un scénario à la fois enjoué et émouvant et je crois que ce film a atteint son but. Auprès d'Orane Demazis et Lucien Baroux, le jeune garçon était très doué.

La mobilisation est arrivée et j'ai été obligée de me cacher pour éviter certains ennuis dus à mes origines. Les hostilités terminées, Benoit-Lévy et moi avons repris notre activité, et filmé principalement des ballets classiques.

Vous vous êtes aussi occupée de la conservation des films. D'ailleurs, la Cinémathèque Française, vous l'avez vue naître...

J'ai fait la connaissance d'Henri Langlois à l'époque où il était encore mince comme un haricot ! A l'avènement du parlant, il avait récupéré dans les rebuts des studios, et dans les salles de cinéma, des films muets dont on ne voulait plus. Beaucoup de chefs-d'œuvre ont disparu de la sorte, on pensait alors qu'ils n'intéresseraient plus personne...

Depuis de nombreuses années, je m'occupe de la restauration des films. En ce moment, nous travaillons à la version complète de « La roue » d'Abel Gance. Vous avez vu la version de douze bobines ; en fait, celle d'origine en comprenait vingt-deux.

Vos nombreuses activités n'ont jamais caché votre nature passionnée...

Si j'ai consacré ma vie à la mise en scène de cinéma, c'est aussi parce que rien d'exceptionnel ne contrariait mon travail. Pour répondre avec précision à votre question, je suis en effet passionnée... parce que la vie est passionnante !

Je n'ai jamais compris les gens qui s'ennuient, j'ai toujours mille choses à faire.

Septembre 89

Simon FELDMAN
Odessa, 1890
Cannes, 1992

Ingénieur en chef des studios de Billancourt, Simon Feldman a conçu de nombreux tours de force techniques. C'est lui en effet qui s'est occupé des travellings et de la construction des grues pour la version 1926 de « Napoléon », où il était le maître d'œuvre indispensable d'Abel Gance.

A noter que ce Russe blanc fut témoin à Odessa, du célébrissime épisode du « Cuirassé Potemkine » !

Par ses origines, il est donc normal qu'il ait fait ses preuves à la Maison Albatros, chez Sacha Kamenka, pôle attractif des Russes exilés à Paris.

Quelles étaient exactement vos fonctions aux studios de Boulogne-Billancourt ?

Comme directeur technique je m'occupais de tout ce qui concernait les décors, le matériel, l'éclairage... Je devais veiller à l'équipement des bâtiments et à l'ensemble des fournitures qui pouvaient intervenir dans l'assistance aux prises de vue.

Comment étiez-vous entré dans le cinéma ?

Tout à fait par hasard, j'ai été invité à visiter un studio. Une difficulté technique s'est présentée et, grâce à ma formation d'origine – ingénieur – j'ai pu résoudre le problème... Les dirigeants m'ont tout de suite proposé une situation intéressante, que j'ai acceptée sans tarder. Je suis resté une trentaine d'années à me donner dans ce travail délicat, mais passionnant.

Quels sont les grands films muets auxquels vous avez participé ?

Le plus important fut sans conteste le « Napoléon » d'Abel Gance, metteur en scène qui, à mes yeux, est toujours resté un grand bonhomme de cinéma. Son apport a été considérable, tant au point de vue technique qu'artistique, principalement pour ses qualités et ses inventions de prises de vue. Il fut considéré à son époque comme un véritable révolutionnaire du Septième Art.

Moi-même, je ne me rappelle plus très bien les titres des films auxquels j'ai pu collaborer : pensez, je pourrais en comptabiliser au moins deux cents !

Le passage du muet au parlant a dû provoquer de nombreux bouleversements dans l'organisation et la bonne marche des studios...

Nous devions revoir entièrement les installations et en particulier tout ce qui touchait, bien entendu, aux prises de son. Face à ces transformations, fallait-il encore avoir les accords nécessaires avec les fabricants des dispositifs les plus élémentaires : voilà l'obstacle majeur ! De plus, nous devions former notre personnel très rapidement, afin d'obtenir le rendement le plus efficace. Pour nous tous, il était très difficile de s'adapter à de tels changements.

Quelles sont les personnalités du cinéma dont vous gardez le meilleur souvenir ?

Jean Grémillon, le grand cinéaste de « La petite Lise » et du « Ciel est à vous », et Harry Baur, monstre sacré comme il n'en existe plus, sont les deux hommes de cinéma qui m'ont le plus étonné, à la fois par leur gentillesse et pour leur professionnalisme.

Tourjansky fut l'un des premiers cinéastes avec qui vous avez travaillé.

Ce n'était pas un génie de la mise en scène mais il connaissait parfaitement son métier. Il s'exprimait dans un français relatif, puisqu'il était d'origine russe. J'ai travaillé avec lui dès son premier film, « Le prince charmant » : c'était en 1925.

Et Marc Allégret ?

Réalisateur de bons films commerciaux, Marc Allégret était très agréable sur un plateau, et dans la vie, assurément quelqu'un d'attachant. Il était sous contrat chez Roger Richebé et Pierre Braunberger, producteurs associés et copropriétaires de nos studios. Tous deux avaient confiance en lui car Allégret était un homme qui respectait ses engagements.

Richebé était un méridional à l'accent très prononcé. Son grand souci était de s'assurer de confortables profits et il traitait toujours en homme d'affaires avisé.

Le cinéma connaissait-il déjà des crises financières ?

Depuis soixante ans que je m'intéresse à cette profession, il en a toujours été question.

Pour ce qui est des problèmes plus inhérents aux studios, je devais aussi surveiller la construction et la mise en place de nouveaux plateaux, la rotation des décors et m'occuper du personnel, qu'il soit à la fois compétitif et de premier ordre.

Quels liens l'équipe technique et les comédiens entretenaient-ils ?

Une communication était toujours possible, voire même assez étroite. Un artiste de la trempe d'Harry Baur transmettait, à travers ses moindres contacts, une générosité instinctive à l'égard de tout le monde ; il savait se faire respecter et aimer : on le lui rendait.

Si quelquefois une certaine distance se produisait entre acteurs et techniciens, elle disparaissait automatiquement à l'entrée du plateau. Tous, nous nous fondions en une même ferveur à la tâche. Comme dans la majorité des cas nous tournions en décors, l'importance de tels établissements était prépondérante. Ceux de Boulogne-Billancourt ont toujours été de première nécessité, ce qui impliquait une rentabilité constante. Depuis quelques années, les prises de vue s'effectuent davantage dans la rue, d'où une désaffection progressive vis-à-vis des anciennes méthodes. Ancrées dans une époque, celles-ci appartiennent désormais à l'Histoire du Cinéma.

Juin 83

Marie GLORY
(Marie Thoully)
Mortagne, 1903

A la fin du muet, après plusieurs apparitions sous le pseudonyme de Arlette Genny, le film de Marcel L'Herbier « L'argent » fait remarquer une toute jeune comédienne : Marie Glory.

Avec le parlant elle est l'héroïne juvénile et fraîche de comédies sentimentales et musicales où, désireux d'oublier la crise, tout un public y a cherché un certain réconfort. Le couple charmant qu'elle forme avec Jean Murat – « Dactylo » (1931) puis « Dactylo se marie » – fait sensation.

Mais dans « Les gens du voyage » (1938), Jacques Feyder l'impose dans un rôle très différent : elle y est Pépita l'écuyère nymphomane.

Au cours des années cinquante, on revoit Marie Glory dans des rôles épisodiques de mère (« Et Dieu créa la femme »).

Cette passionnée d'aviation habite Nice depuis de nombreuses années.

A l'origine, ne vous destiniez-vous pas plutôt à la danse qu'à la comédie ?

Sans avoir étudié la danse, je me hissais sur la pointe des pieds, ma mère jouait au piano, et tout mon corps, séduit par la magie du rythme, dansait. C'est seulement plus tard, trop tard, que j'ai travaillé. J'avoue avoir toujours un faible envers cet art si gracieux.

Comment êtes-vous venue au cinéma ?

Je n'ai pas eu ce qu'il est convenu d'appeler des « débuts difficiles ». Au contraire, les événements sont venus à moi très facilement.

Je gagnais bien ma vie en posant pour des photos de mode (je précise qu'à cette époque le nu n'était pas encore obligatoire !) et aimais les toilettes qui me vieillissaient, afin de faire oublier mon aspect un peu trop ingénue. Un heureux hasard m'a fait rencontrer un charmant et talentueux collaborateur de Marcel L'Herbier. Il dessinait des décors, des croquis de robes au style toujours marqué d'une originalité de classe.

Or, Marcel L'Herbier cherchait pour le grand film qu'il préparait, « L'argent », une jeune débutante, tout à fait inconnue, condition à laquelle il tenait absolument. Pleine d'un immense espoir (faire une carrière cinématographique...), je fus présentée. Pourtant très intimidée, je crois que mon comportement a séduit et c'est dans les larmes, consciente de ce que je croyais être maladresse, que j'appris mon engagement. Intégrée dans le sillage de L'Herbier, je jouais le rôle superbe de Line Hamelin.

Marcel L'Herbier était-il aussi distant qu'on le prétend ?

L'Herbier était l'être le plus courtois, le plus attirant, le plus fascinant que l'on puisse rencontrer. Avec lui, j'ai effectué mes débuts de cinéma parlant, dans « L'enfant de l'amour », puis, huit ans plus tard – en 1938 – interprété « Terre de feu ».

Quelles impressions avez-vous gardées de Brigitte Helm ?

Brigitte Helm, qui jouait dans « L'argent » la vamp cruelle et fatale, était le contraire du personnage que j'incarnais.

Spécifiquement germanique, elle était très grande, très belle, très froide. Je l'admirais beaucoup.

Et de vos tournages à Berlin ?

Après le triomphe de « L'argent », je fus engagée en Allemagne pour être l'interprète de comédies légères. Pour des raisons économiques, le même film se tournait en deux versions, l'une française, l'autre allemande. C'est ainsi que j'ai été la réplique des grandes vedettes du moment, parmi lesquelles Martha Eggerth et la mère de Romy, Magda Schneider.

Dans le quotidien, qui était Henri Garat ?

Il a débuté sa carrière de cinéma avec moi à Londres, à l'occasion d'un très grand film réalisé par « Herr Dupont » (l'un des meilleurs cinéastes allemands), « Les deux mondes ». Ceci en trois versions : anglaise, française et allemande. Quant à l'action, elle se déroulait en Pologne : une vraie tour de Babel ! Henri était comme la chanson qui l'a rendu célèbre, « Il est charmant », c'est-à-dire charmant. Drôle, il a été un bon copain pour moi.

Et Raimu, votre partenaire de « Charlemagne » ?

On ne peut pas décrire Raimu, c'était un monument, un bloc, quelque chose de très fort. Mais aussi pouvait-il se montrer profondément secret... Sa verve inimitable était à juste titre légendaire, néanmoins son comportement dans la vie m'a fait penser qu'il était de nature plutôt mélancolique.

« Dactylo » a rencontré un succès fabuleux.

La série des « Dactylo » fut saluée pour son esprit vif et ses situations amusantes. Comme vous le précisez, ces films connurent un immense succès. Partout où j'allais, en

France, à l'étranger, le public m'appelait la « Dactylo ». Je pense que pour les spectateurs, comme pour nous qui les tournions, ces comédies reflétaient la joie de vivre.

Dans « Avec le sourire », vous étiez co-vedette avec Maurice Chevalier...

Quel titre, quel film, quelle réussite ! Pourtant nous l'avons tourné davantage dans une atmosphère de travail, de sérieux que de franche gaieté. Maurice Tourneur, notre metteur en scène, avait pour lui d'incomparables qualités, bien qu'il se soit montré peu communicatif. Le fantaisiste Maurice Chevalier que je connaissais bien, ayant souvent participé à ses galas, était sur le plateau un inquiet à la recherche perpétuelle de la perfection. C'était là le secret de son triomphe.

Jacques Feyder vous a confié un personnage aux antipodes de vos emplois habituels dans « Les gens du voyage... ».

J'ai abordé, dans ce film, un rôle que personne n'avait songé à me confier, celui d'une garce : Pépita l'écuyère (j'avais à monter un superbe demi-sang arabe – blanc – méchant comme une teigne).

Sous son aspect frêle, Feyder était un bourreau de travail. Comme il avait du charme, personne ne pouvait lui en vouloir de nous laisser le soir pantelants de fatigue.

Était-ce la même chose avec Julien Duvivier pour « Le paquebot Tenacity » ?

Ce film était tiré d'une pièce de Charles Vildrac, que la Comédie-Française avait d'ailleurs ajoutée à son prestigieux répertoire. En un mot, il s'agissait d'une pure histoire d'amour entre trois êtres simples que tout réunit, puis sépare, car ils ne savent pas dominer leur destin.

Charles Vildrac était un authentique poète et Julien Duvivier, un talentueux metteur en scène. Deux personnalités pourtant opposées : Vildrac le doux rêveur, Duvivier toujours si fougueux !

Je jouais « Thérèse », un personnage très tendre ; Albert Préjean était l'amoureux finalement triomphant et Hubert Prélier, le vaincu qui part vers l'aventure dont il ne voulait pas. J'ai profondément aimé ce film, et mon rôle, sans doute mon préféré.

Parallèlement au cinéma, vous éprouvez une attirance particulière pour l'aviation...

C'est une véritable passion. J'ai côtoyé la plupart de nos as, presque tous disparus à ce jour. Moi-même, j'ai appris à piloter un petit Potez 36, et ensuite, une Caudron-Phalène. Mais, un peu par paresse (j'étais si occupée !) je n'ai pas passé mon brevet. Raison supplémentaire, j'avais près de moi mon pilote personnel... Parmi mes plus envoûtantes randonnées aériennes, j'ai survolé deux fois la Cordillière des Andes.

Votre carrière devient moins prolifique à partir de la guerre. Était-ce un choix ?

Volontairement, je me suis, en quelque sorte, exilée, car le mot liberté signifie à mon sens quantité de choses... Loin des contraintes, j'ai su me rendre utile : aurais-je pu le faire si j'avais continué ? Plus tard, j'ai fait d'autres films – d'autres rôles devrais-je préciser : les mères dans « Adorables créatures » et « Et Dieu créa la femme ». Quelques télés aussi. Puis, subitement, pour raisons personnelles, j'ai décidé de mettre un point final à mes activités passées. C'est définitif.

Mai 1994

Claude HEYMANN
Paris, 1907
Paris, 1994

Homme cultivé et raffiné, Claude Heymann nous parle, dans cet entretien, de ses fonctions difficiles de directeur de production.

A divers titres, son rôle dans le cinéma a été prépondérant. Il a d'ailleurs compté parmi ses nombreuses relations des personnalités aussi différentes qu'Alberto Cavalcanti, Jean Renoir ou Max Ophüls, que Raimu, Fernandel ou Michel Simon.

Claude Heymann a également côtoyé l'Avant-Garde : il assiste Luis Buñuel pour « L'âge d'or » (1930). Son activité de metteur en scène commence dès 1931, au sein des Établissements Braunberger-Richebé, puis se poursuit avec des versions françaises de films allemands. En 1936, il réalise « Les jumeaux de Brighton », en 1950, « La belle image ».

Aux premières loges, lors de la naissance du parlant, il retrace ici toute une époque avec objectivité et humour.

Sur la carrière de Claude Heymann, on pourra se référer à son livre *Le producteur*, qu'il a écrit avec la collaboration de Guillaume Hanoteau.

Évoquons votre entrée dans le cinéma : elle coïncide, je crois, avec votre rencontre de Jean Renoir ?

J'ai connu Renoir par des amis communs. Mais avant cela, je m'occupais déjà de cinéma, environ depuis 1925-1926, date à laquelle j'écrivais des articles critiques dans plusieurs revues.

Comme je fréquentais assidûment les studios, j'eus l'idée d'un scénario – d'après Pirandello – intitulé « Lumière d'en face ». Peu de temps après, la chance m'est offerte de le rencontrer personnellement à l'occasion d'un de ses passages à Paris et, double avantage, j'obtiens de lui gratuitement une option prioritaire. Aussitôt, j'envoie mon manuscrit à Cavalcanti, que j'avais apprécié pendant le tournage de « Rien que les heures », et avec son accord, nous réussissons à trouver quelque argent. Or, comme les choses sont compliquées dans ce métier, nous sommes obligés d'interrompre notre travail à cause de trop nombreuses difficultés. Nous nous penchons donc sur le scénario d'un autre film, « En rade », principalement interprété par Catherine Hessling – la femme de Renoir – Georges Charlia et Philippe Hériat. Très vite, je suis amené à être en très bons termes avec Renoir, ceci au moment charnière entre l'orthochromatique et le panchromatique...

Le premier film en panchromatique tourné en France, avec l'association artistique et financière de Jean Tédesco, rédacteur en chef de « Cinéa-Ciné pour tous » dans lequel j'écrivais de nombreux articles, n'est autre que « La petite marchande d'allumettes ». Le tournage se déroula au Vieux Colombier (après la transformation de cette salle de spectacle en studio techniquement valable !) Quant aux extérieurs, ils s'effectuaient dans la mer de sable de Senlis. Catherine Hessling en était également la vedette principale.

Renoir et moi, nous avons l'idée ensuite d'un « Tire au flanc » modernisé où j'ai pu apporter quelques gags, dont celui du masque à gaz, souvenir hilarant de ma période de service militaire.

Dans la vie, quel homme était Renoir ?

Pour vous situer Jean Renoir, il faut savoir qu'il vivait en hommage constant à son père, d'une façon parfois consciente, parfois inconsciente. Il aimait avant tout favoriser les contacts humains et je crois qu'il faisait surtout du cinéma pour avoir des relations privilégiées avec les acteurs. Il n'agissait pas du tout comme la plupart des metteurs en scène, c'est-à-dire par intelligence préméditée, mais comme on devient amis pour la vie devant un comptoir de bistrot : la chaleur humaine, la discussion de n'importe quoi. Pour moi, Renoir est donc en premier lieu un directeur d'acteurs. Il n'est pas spécialement un bon scénariste, car l'admirable « Grande illusion » est davantage l'œuvre de Charles Spaak et d'un Allemand dont le nom m'échappe.

Un an plus tard, en 1931, les productions Braunberger-Richebé entrent en scène avec « On purge bébé » où je suis co-scénariste et premier assistant.

Et « La chienne » ?

Pourquoi met-on mon nom dans « La chienne » ? J'y serais assistant au même titre qu'Yves Allégret et Pierre Prévert ; pourtant, je vous assure ne pas avoir travaillé à ce film. La seule chose qui a pu se produire fut ma prise de position en faveur de Renoir – contre Richebé – au sujet du montage.

Pratiquement directeur artistique des films Braunberger-Richebé, ma tâche était assez délicate. Elle consistait à favoriser les réalisateurs et les auteurs pour leur permettre d'obtenir le maximum entre le rendement et le prix, plus clairement, entre ce qui leur était donné comme moyens et ce qu'ils pouvaient en faire.

D'un côté je défendais les producteurs, et de l'autre, les artistes. Ce métier, je l'ai exécuté toute ma vie, en dehors, bien sûr, des films que j'ai personnellement réalisés.

Quelles sont les fonctions d'un directeur de production ?

Elles consistent à répondre par oui ou par non, environ cent fois par jour, à cent questions différentes, du genre : « Faut-il faire une heure supplémentaire » ? « Faut-il deux cents figurants » ? Immédiatement se met en marche la petite machine, spécialement bien huilée, qui consiste à dire : il vaut mieux sacrifier cette partie du décor, qu'en tout état de cause vous ne verrez jamais, pour obtenir cinquante figurants qui, eux, occuperont la partie cinématographiée. Ou, il vaut mieux engager une vedette deux mille francs plus cher, celle-ci vous fera gagner à la fois du temps et vous apportera un label de prestige, car elle est meilleure comédienne et elle s'adapte mieux, etc...

Vous étiez en sorte diplomate.

Diplomate n'est pas un terme qui figure sur les génériques, alors qu'il le devrait ! Appelons cela producteur délégué. Celui-ci doit impérieusement suivre le film sur le plan des dépenses et de la bonne marche du travail. Quant au producteur exécutif, s'il dirige la production, lui ne quitte pas le tournage une seconde.

Il est normal que le climat d'un film subisse des heurts. Et automatiquement cette tension générale va en s'aggravant, compte tenu du prix de revient qui augmente d'une façon considérable chaque année pour toutes sortes de raisons, par rapport à une recette qui, elle, diminue. Qu'est-ce que cela veut dire ? Simplement que la responsabilité de tous rend la situation tendue à l'extrême pour parvenir, sans sacrifices d'aucune sorte, au maximum de résultats, sur le plan qualitatif dans un élément quantitatif qui se rétrécit chaque jour. C'est ainsi qu'intervient cette épée de Damoclès au sujet du temps, alors que chacun veut parvenir le plus près possible de la perfection.

Le cinéma est, par obligation, perfectionniste.

Quel a été votre rôle dans « L'âge d'or » ?

J'en avais la responsabilité totale vis-à-vis de Luis Buñuel qui m'avait engagé en compagnie de plusieurs camarades (je tiens à dire que depuis mes dix-sept ans, je fréquentais assez sérieusement le mouvement surréaliste).

Buñuel reçut un million du Vicomte de Noailles, la même somme perçue par Cocteau pour son « Sang d'un poète ». Précisons également que « L'âge d'or » fut d'abord tourné en muet, au moment du plein essor du parlant ; en hâte une quantité d'inter-titres a donc été remplacée par une voix off. Sans compter que réalisé à 18 images seconde, il fut projeté à 24, simplement sonorisé.

Ainsi j'ai travaillé tous les matins, pendant des semaines, au découpage. Ce qui nous amène à parler du rôle du scénariste en fonction d'un projet. Pour illustrer ce délicat problème, je vous propose une phrase : « Le crépuscule tombe, il pleut, le bateau coule ». Vous l'écrivez facilement, elle représente en elle-même tout un climat. Mais en réfléchissant, vous pouvez constater qu'elle peut engendrer l'un des plans les plus coûteux du cinéma. Il ne faut rien écrire sans penser techniquement et artistiquement à ce que vous allez voir sur l'écran.

Je voudrais avoir votre opinion sur le passage du muet au parlant.

Il est parfaitement exact que les éléments de fabrication d'un film furent, du jour au lendemain, soumis en totalité à l'ingénieur du son. Le cinéma muet devint parlant en se mettant entièrement à ses ordres. Le plus grand metteur en scène, le meilleur comédien, quand l'ingénieur du son avait dit non, devaient se plier à ses quatre volontés. Pendant un an ou deux, nous avons eu droit à des films profondément stupides, mais qui ravissaient le public par le simple bruit de l'eau coulant d'une carafe dès qu'un personnage remplissait un verre. Le reste du film n'avait, tout à coup, aucune importance !

Évidemment les comédiens parlaient comme vous et moi. Tout le monde pouvait donc enregistrer quelque chose. Mais absolument pas à ce moment-là ! Les plus grandes vedettes du muet, par exemple Jean Murat, n'avait pas la voix de son physique pour Monsieur l'ingénieur du son. On venait en tremblant, pour se faire enregistrer, et je n'exagère rien ! J'ai eu le plaisir de collaborer aux premiers films parlants de Raimu. Je dois dire que ses rapports avec l'ingénieur du son frisaient la catastrophe (bref, vous imaginez) ! Admettons que, techniquement, ce n'était pas facile. Néanmoins on prêtait à ce phénomène trop d'importance.

Le premier film parlant dans lequel j'ai travaillé fut « La route est belle ». Comme il n'existait pas de studios adéquats en France, nous sommes partis le tourner en Angleterre sous la direction de Robert Florey. En France, l'insonorisation s'avérait en effet bien superficielle. La matité du son était entretenue par des panneaux de feutre non dégraissés remplis de petites bêtes (intéressant de faire du parlant, vous attrapiez des morpions !) Comme les caméras se révélaient très bruyantes, elles devaient être enfermées à l'intérieur d'une cabine de célotex (du liège synthétique). Le tournage s'effectuait à l'aide de trois énormes caméras-cabines pour respectivement un plan général, un plan moyen et un plus panoramique. Le micro – comparé aujourd'hui aux micros-cravates ! – était composé d'un tube d'environ quarante centimètres placé au bout d'une grande perche.

On a souvent fait allusion à ce moment délicat, prétexte à des vengeances personnelles, pour évoquer les « carrières brisées ». Qu'en a-t-il été véritablement ?

En Amérique, ce genre de réglements de compte s'est sûrement produit, mais en France, je ne crois pas. En fait, les carrières se sont cassées d'elles-mêmes. L'alibi naturel était que le nouvel écran parlant cherchait avant tout des comédiens de théâtre, car par définition, ils étaient pourvus d'une voix prétendue accessible aux oreilles du public. Les maisons Pathé-Natan et Braunberger-Richebé recrutèrent intensément dans ce sens.

Quel est, à votre avis, l'apport de Cavalcanti dans le cinéma ?

Cavalcanti appartenait à cette élite de metteurs en scène qui gravitait dans le charisme assez mondain de Marcel L'Herbier. Avant tout décorateur, il a atteint le sommet de son art lors de la création de l'École Documentaire Canadienne. Ses meilleures réalisations sont en effet celles où les acteurs sont pratiquement inexistants. Pour les autres, le choix des sujets fut sans doute une erreur.

Vous avez connu Fernandel à ses tout débuts...

En compagnie de Marc Allégret, je me rendais souvent au Concert Mayol où j'ai pu voir Fernandel pour la première fois. Je l'ai trouvé tellement drôle que je l'ai fait engager pour un rôle de liftier, un peu benêt, dans « Le blanc et le noir ».

Pour ce film, je fus chargé personnellement d'une « délicate » mission : me rendre tous les matins, à dix heures, chez Sacha Guitry, afin de nous mettre d'accord sur le découpage technique de sa pièce.

En dehors de ce tournage, Fernandel était dans le quotidien un homme agréable. Je me souviens de soirées mémorables passées autour du plateau de « La cuisine au beurre », quelques trente ans après « Le blanc et le noir ». Nos dîners s'étalaient jusqu'à deux heures du matin : Bourvil et Fernandel, faisant des numéros pour l'équipe entière, rivalisaient de talent ; c'est ainsi qu'ils ont chanté, à tour de rôle, tous les airs à la mode du début du siècle ! De tels moments ne s'oublient pas.

« Fantômas » – version Paul Fejos – est-il un bon souvenir ?

Fidèle lecteur de « Fantômas », je connaissais par cœur ses 32 volumes. Vous comprendrez donc le plaisir que j'ai éprouvé à travailler au scénario.

La course à Montlhéry demeure un temps fort surprenant. Je l'avais organisée avec le concours de toutes les vedettes de l'automobile, ceci au beau milieu de l'hiver. Roger Hubert, le chef-opérateur, suivait les courbes à cent quarante, l'œil amoché par les coups de poing d'une caméra projetée en pleine vitesse. La version de Feuillade était évidemment plus fidèle à l'esprit surréaliste original. Pourtant, la nôtre avait un côté percutant que le public apprécia.

Aujourd'hui, certains metteur sen scène d'avant-guerre sont encensés, d'autres demeurent dans l'ombre...

Une révision s'impose. Un homme qualifié tout juste d'artisan comme Julien Duvivier, alors qu'il a réalisé de merveilleux films, n'a pas encore la place qu'il mérite. Les Cahiers du Cinéma – et certains historiens – ont fait beaucoup de mal en induisant les cinéphiles dans l'erreur.

Autre exemple, Yves Allégret avait davantage de talent que son frère Marc. Il sera un jour, lui aussi, redécouvert. Méditons là-dessus le plus vite possible.

Contestez-vous l'apport de la Nouvelle Vague ?

La Nouvelle Vague était une organisation basée sur l'admiration mutuelle. Un phénomène amusant qui a consisté essentiellement en ceci : dis que j'ai du génie, je dirai que tu es génial ! Certes, il y a eu de bons films, mais d'autres se sont révélés sans aucun intérêt. L'intellectualité de ce cinéma a eu pour effet désastreux de maintenir les films français dans l'hexagone.

Parlons des films que vous avez personnellement mis en scène : « L'amour à l'américaine » en 1931...

La production m'a laissé la charge de ce film, sous la supervision de Paul Fejos. Ce n'est certes pas ce que j'aurais réalisé si j'avais eu le libre choix de mon premier sujet !

« Les jumeaux de Brighton » m'a davantage amusé. Il faut dire que j'avais à ma disposition Michel Simon, Raimu et Suzy Prim. Robert Bresson, à l'époque, écrivait des films publicitaires ; il a, disons, participé au scénario.

« La belle image » – d'après Marcel Aymé – est mon film préféré. Pierre Larquey, aux côtés de Françoise Christophe et Frank Villard, y est extraordinaire.

Octobre 89

Meg LEMONNIER
(Marguerite Clark)
Londres, 1908
Paris, 1988

Tête d'affiche incontestée des studios Paramount de Joinville, Meg Lemonnier connaît la célébrité, avec son délicieux accent anglais, dans « Rive gauche » (1931) puis « Il est charmant », films où elle forme avec Henri Garat un tandem musical très apprécié du public populaire, que l'on retrouve dans « Un soir de réveillon » (1933), « La chaste Suzanne » (1937) « Ma sœur de lait » (1938).

En 1933, « Georges et Georgette »[1], version française de « Viktor und Viktoria », montre d'elle une image singulière : travestie, elle apparaît, smoking élégant, chapeau haut de forme et canne assortie ! Elle fait ensuite partie de la distribution de « L'habit vert » (1937) et tourne le film de Baroncelli « La belle étoile » (1938), avec Michel Simon et Jean-Pierre Aumont.

La vedette d'opérettes et d'œuvrettes distrayantes des années trente espace progressivement ses créations à partir de l'après-guerre. Malgré des propositions de théâtre, Meg Lemonnier a préféré se retirer des feux de l'actualité.

1. Cinquante ans plus tard, Blake Edwards tournera un remake de ce film, sous le titre de "Victor Victoria", avec Julie Andrews.

Dans quelles circonstances êtes-vous venue en France ?

J'avais débuté à Londres comme girl dans un petit music-hall. Mais c'est mon contrat au « Midnight Follies » qui m'ouvrit les portes du succès : j'accédais enfin au rang de vedette. Conjointement, le hasard a voulu que ma famille s'installe à Paris et que je reçoive un télégramme, justement de France, m'invitant à créer « Broadway ».

Dès mon arrivée, Charles Méré souhaita m'entendre lire sa pièce, ce qui n'était guère facile puisque je ne parlais pas un mot de français ! Pour pallier cette difficulté, j'ai récité quelques phrases en anglais provenant de mon rôle précédent (une scène au téléphone). Puis, tout en répétant mon texte sous la direction de Jacques Baumer, je pris des leçons de français, afin de vite m'améliorer.

Alexandre Korda a dû assister au spectacle, ce qui l'a décidé à me choisir comme vedette de son prochain film, « Rive gauche ». Par là même mon premier succès à l'écran.

Britannique comme lui, vous trouviez ainsi un authentique compatriote.

Sur le plateau, nous parlions fréquemment anglais tous les deux ; cette attention, je la considérais comme une sorte de réconfort... dont j'avais bien besoin. Tous les matins, nous le voyions arriver avec son habituel chapeau melon, un cigare à la bouche, et cette apparition nous amusait beaucoup. Il était très bien élevé et tout s'est déroulé sans difficultés majeures. Peut-être en aurait-il été autrement si j'étais tombée sur un metteur en scène français ?

Appreniez-vous phonétiquement vos rôles ?

Certes, au début, bien que déjà, dans « Rive gauche », je sois arrivée à me débrouiller. J'ai cependant toujours gardé l'accent tonique de mes origines.

Comment se déroulait un tournage à Joinville ?

Mon contrat avait été signé pour trois ans. Il stipulait l'obligation formelle d'être l'interprète de quatre films par an, ce qui me laissait l'entière liberté de faire du théâtre, si je le désirais. A vive allure, nous enchaînions comédies musicales et comédies, chaque long métrage étant terminé au bout de quinze jours, trois semaines au grand maximum. Ce système intensif de production nous obligeait à jouer également le soir, quelquefois jusqu'à deux-trois heures du matin. Les machinistes avaient double paye, mais pas les acteurs. Comme les premières fois j'étais un peu gênée – ou plutôt intimidée – par l'attirail technique du plateau, les assistants, gentiment, me réconfortaient : « Ne faites pas attention aux appareils, tout va bien se passer… ».

Vous avez formé avec Henri Garat l'un des couples les plus célèbres du début du parlant. Quelles précisions pouvez-vous nous apporter sur sa personnalité ?

J'étais – devant lui – en tête d'affiche, ce qui ne manquait pas de provoquer son mécontentement. Un jour, Robert Kane, le directeur de la Paramount, me convia dans son bureau à ce sujet : « Comme pour les vedettes américaines, m'expliqua-t-il, nous préférons prôner la Femme. Vous me coûtez très cher en publicité, mais puisque vous restez sous contrat chez nous pendant trois ans, vous nous procurez automatiquement une sorte d'amortissement des frais ». Aux petits soins pour moi, Kane m'a défendue contre plusieurs personnes.

A part cet incident, Garat n'était pas du tout cabot (voire même parfaitement accommodant). Au cours d'une scène d'amour, si l'homme, par exemple, est à genoux, la femme peut, à cause de son ombre, se trouver moins bien éclairée. S'il arrivait à Garat de le faire, il s'arrangeait toujours pour prendre une autre contenance ; d'autres, au contraire, ne se gênaient pas…

Henri a été le centre d'un véritable phénomène. Le public lui arrachait les boutons de sa veste et, à son passage, les rues devaient être instantanément bloquées. Les femmes étaient folles de lui. Je me souviens d'une soirée en compagnie de Karl Anton où Garat m'indiquait une jolie fille : « Tu vois celle-là, cette nuit, elle est à moi ». Et c'était vrai !

Sa voix, charmante, était sans prétention, et pour ce qui est de ses manières, il s'est toujours montré très correct à mon égard. En somme, ceux qui l'ont traîné dans la boue n'étaient que des jaloux.

L'une des dernière fois où nous avons joué ensemble c'était dans « La chaste Suzanne », scénario musical, tourné en double version dans les studios britanniques, où il avait été choisi pour être aussi l'interprète de la version anglaise. Un seul acteur français, en effet, devait y figurer. Facilitée par mes origines, j'aurais pourtant bien désiré y participer...

Et Raimu ?

Toujours à l'occasion de « La chaste Suzanne », il s'ennuyait tellement à Londres qu'il m'a demandé de dîner avec lui... Vous connaissez sa réputation d'avarice : proposer de vous offrir le restaurant tenait du miracle ! « Pourquoi ne demandes-tu pas à Blanchette Brunoy » ? lui ai-je répondu. Le soir, fatiguée, je préférais souper seule dans ma chambre.

Raimu, c'est le moins qu'on puisse dire, n'avait guère de patience avec les « petits rôles ». Le problème avec lui, c'était qu'il exigeait toujours d'être photographié de face.

Comme la plupart des grandes vedettes, vous avez fait du cinéma à Berlin...

Les producteurs allemands avaient mis à ma disposition une voiture pour me permettre de me rendre tous les jours aux studios. Plusieurs personnes m'avaient au préalable expliqué le chemin, et comme Julien Carette était un très bon camarade, je lui ai proposé de l'emmener. Nous roulons, nous roulons toujours, sans trouver les points de repère indiqués.

Arrivés à un village, nous apercevons, plantés de chaque côté de la route, formant une véritable escorte, quatre ou cinq dizaines de S.S. Croisant une autre voiture, quelle ne fut pas notre stupeur d'apercevoir Hitler, debout, en train de saluer ! « Tu vas nous faire fusiller », me crie Carette, faisant mine de se cacher...

Cette histoire, ensuite, nous a bien fait rire, et il fallait voir comme il la racontait. Lorsqu'il buvait du schnaps, il me chuchotait sur le ton de la confidence : « Ne le dis surtout pas à bobonne » !

Mes souvenirs de la Pension Impériale sont également très cocasses, bien qu'il soit désagréable de s'apercevoir que nos bagages étaient fouillés (les papiers en premier, je m'en étais rendu compte, j'avais placé un cheveu à l'intérieur de mon passeport). De plus, les conversations téléphoniques étaient écoutées. Edwige Feuillère avait l'appartement en face du mien. Comme moi, elle n'aimait pas trop se mêler aux autres et préférait rester seule dans sa chambre, même pour les repas.

Carette, vous le retrouvez ensuite dans une comédie musicale célèbre : « Georges et Georgette ».

Nous l'avons tournée entièrement en play-back. Comme il n'avait pas le sens de la mesure, je devais à chaque reprise lui donner un coup de pied pour qu'il se tienne prêt ! En dehors de son métier de comédien, il avait un sacré coup de crayon. D'un noir superbe, ses yeux malicieux étaient étonnants.

Dans quelles conditions avez-vous enregistré « Il est charmant » ?

Ce qui m'avait fort ennuyée, c'est d'être constamment obligée d'anticiper la mesure. En effet, comment voir l'orchestre avec ces trois glaces devant soi ? (les trois caméras). Depuis, grâce au progrès de la technique, tourner un film musical est enfantin.

Certains contrats de l'époque étaient extravagants. En avez-vous des exemples ?

Celui de Raimu dépassait l'imagination. Il avait droit à deux cigares par jour...

Il envoyait la voiture de la production, même s'il ne venait pas au studio, pour aller les chercher !

Quels étaient vos cachets ?

Je devais toucher, par film, environ deux cents mille francs : une somme considérable pour l'époque.

Réalisé par Raymond Rouleau, « Trois, six, neuf » est-il un bon souvenir ?

Je me suis bien entendue avec Renée Saint-Cyr, malgré le fait plutôt désobligeant qu'elle reprenne mon personnage de la scène (elle se défendait, que voulez-vous !) Je n'ai donc eu droit qu'au second rôle féminin... Mais, en général, je n'ai pas eu de problèmes avec mes camarades. A part certaines vedettes pointilleuses au niveau des gros plans, exigences qui étaient évidemment stipulées dans leurs contrats.

Ainsi Elvire Popesco, dans « L'habit vert », s'arrangeait-elle pour que l'autre soit toujours filmé de dos. Puisque nous n'avions pas du tout le même emploi, sur quoi étaient donc fondées ces attitudes ?

Ne faisant pas partie des accrocheuses, je n'osais pas exprimer mon mécontentement. Combien de propositions de films, avec tel ou tel acteur, m'ont embêtée car le monsieur en question avait la réputation d'être un « peloteur... » La semaine suivante, si le producteur me téléphonait pour m'annoncer son remplacement, je poussais alors un soupir de soulagement. « Pourquoi ne pas m'en avoir fait part » ? s'exclamait-il ! Jamais je n'aurais pu empêcher qui que ce soit de gagner sa vie.

Vous avez souvent été dirigée par les mêmes metteurs en scène...

A plusieurs reprises, j'ai été l'interprète de René Guissart et d'André Berthomieu, tous deux sympathiques et coopératifs dans le travail. Je ne pourrais pas en dire autant de Pierre Caron avec qui j'ai tourné « Le monsieur de cinq heures ». Quel grossier personnage !

Quels sont vos films préférés ?

« Un soir de réveillon », que j'ai joué à la fois au Théâtre des Bouffes-Parisiens (avec de jolis décors et des camarades si attachants : Arletty, Dranem...) et ensuite à l'écran, était très amusant. « Il est charmant » a été le véritable catalyseur de ma réussite. Il est donc normal que j'en garde une bonne impression.

Et parmi vos meilleurs souvenirs de chanteuse ?

L'un des plus merveilleux fut la création du « Roi Pausole », d'Arthur Honegger, qui d'ailleurs dirigeait lui-même la partition. A ce titre, il aurait pu exiger une véritable cantatrice. Or, il m'a préférée. Mes partenaires étaient particulièrement brillants : Dranem, excellent comique, Jacqueline Francell, à la voix adorable, et Edwige Feuillère, alors à ses débuts.

Quel regard critique pourriez-vous porter sur votre carrière ?

N'ayant eu personne pour me pousser, je suis arrivée seule à me faire un nom, ce dont je suis fière. Lors de mes débuts Outre-Manche, le directeur artistique du music-hall où j'étais engagée m'avait demandé ce que je voulais faire. Culottée, j'ai répondu instinctivement : « Doubler la tête d'affiche ». Si celle-ci n'était pas dans la loge une demi-heure avant le lever du rideau, elle était aussitôt remplacée. Voilà quel a été mon véritable point de départ. Ensuite, de manière instinctive, j'ai travaillé pour me perfectionner.

A travers les années, « Il est charmant » vous a valu une grande popularité...

Je comprends que le public ait aimé la jeune fille simple et gentille d'« Il est charmant ». Sans doute aurait-il voulu la rencontrer... Quelques messieurs nostalgiques, parfois, me confient : « Ce que j'ai pu être amoureux de vous... » Et moi je leur réponds : « C'est le passé, Monsieur » !

Janvier 87

Gina MANÈS
(Blanche Moulin)
Paris, 1893
Paris, 1989

Fille d'un fabricant de meubles du Faubourg Saint-Antoine, cette célèbre comédienne des années vingt et trente tourne dès 1919. Après Louis Feuillade, c'est Jean Epstein qui en fait son héroïne dans « L'auberge rouge » et « Cœur fidèle » (1923). Elle est ensuite Joséphine de Beauharnais dans le film d'Abel Gance, « Napoléon » (1926), et, dirigée par Jacques Feyder, « Thérèse Raquin » (1928), d'après Zola, un film perdu.

En 1929, elle est l'interprète, aux côtés d'Albert Préjean, du premier long métrage français partiellement dialogué, « Le requin », d'Henri Chomette.

Au parlant, « Une belle garce » (1931), « Salto mortale » (1931), « La tête d'un homme » (1932) confirment son impact dramatique lorsqu'elle décide tout à coup d'abandonner les studios pour prendre la direction d'un hôtel, avec son mari l'acteur Georges Charlia, en Afrique du Nord. Son retour à l'écran est difficile. Les créations sont toujours marquantes mais les rôles diminuent en importance : « Le diable en bouteille », « Mayerling » (1936), pour n'être plus, parfois, que des silhouettes, jusqu'aux années soixante.

Son amour des fauves lui fut fatal (elle est gravement blessée par un tigre, dans un numéro de cirque). Pendant longtemps, presque aveugle, elle a vécu, oubliée, dans une maison de retraite. Retrouvera-t-on, un jour, une copie de « Thérèse Raquin » ?

Vos débuts dans la profession coïncident, après la Grande Guerre, avec la renaissance du cinéma français.

Edouard Emile Violet était le metteur en scène de mon premier film, « Les 6 cœurs des 6 petites filles », devenu plus tard « Les cœurs des 6 petites Françaises », historiette tournée tout de suite après l'Armistice, fin 1918.

Situé en pleine vogue des Ciné-Romans dont René Navarre assurait la direction, mon second film, « L'homme sans visage » a été réalisé par Louis Feuillade à Nice. René Cresté, mort en pleine gloire alors qu'il aurait pu nous éblouir encore longtemps, Edouard Mathé, Louis Leubas et Gaston Michel jouaient les principaux rôles masculins de ce scénario à épisodes.

Considériez-vous le cinéma comme une vocation ?

Sans doute était-ce une vocation mais, à mes débuts, je dois avouer que je l'ignorais !

Recherchiez-vous la célébrité ?

Absolument pas ! Mon succès, tant qu'il a duré, a été l'objet d'heureux hasards orchestrés par des rencontres avec de grands metteurs en scène.

Comment Abel Gance vous a-t-il choisie pour le rôle de Joséphine de Beauharnais ?

Gance venait de me voir dans « Cœur fidèle » qu'il avait beaucoup aimé. Il m'a demandé de faire un bout d'essai aux studios de Billancourt, affublée d'une chemise de nuit et de plusieurs rubans style Directoire. J'ai dû ensuite fredonner une chanson gaie, puis une goualante, avant de m'entendre dire : « Vous êtes la femme du rôle, votre sensibilité est celle de la créole historique... ».

Albert Dieudonné était-il, selon vous, l'incarnation idéale de « Napoléon » ?

Albert était beaucoup plus Bonaparte que Napoléon. Mais, malgré quelques inégalités, normales au sein d'une telle fresque, le film fut un chef-d'œuvre incontestable, et pour chacun de ses interprètes, la récompense d'un travail d'une rigueur intense.

Hoche était joué par Pierre Batcheff.

Sympathique et intelligent, Batcheff était un excellent camarade (mort si jeune, hélas...). Avec son élégance coutumière, il incarnait un Hoche passionné et brillant.

Je l'ai retrouvé en 1930 à Berlin sur le tournage de « L'ensorcellement de Séville ». Benito Perojo était chargé de ce scénario tourné en fait bien loin de l'Espagne... Rechercher l'authenticité ne fut pas la seule difficulté. Le manque de capitaux nous obligea un temps à tout interrompre et nous n'avons pu reprendre et terminer ce film qu'à Paris ! Cette production des frères Nalpas sortit l'année suivante.

Entre-temps, Batcheff avait été remplacé au pied levé par Georges Péclet qui dut retourner toutes les séquences interprétées par son prédécesseur.

Dans ce film je retrouvais aussi mon amie Ginette Maddie, qui jouait ma rivale. Vrai moineau de Paris née à Montmartre, Ginette était mignonne comme tout. Je l'avais connue à Nice au moment où elle tournait « Serpentin cœur de lion », aux côtés de Marcel Levesque, qu'elle nommait gentiment « Papa Cécel » ; de mon côté je jouais « L'homme sans visage ».

Vous avez tourné plusieurs films à Berlin (« L'ensorcellement de Seville », « Le diable en bouteille ») . Quels souvenirs avez-vous de la fameuse Pension Impériale ?

Les conditions de travail à Berlin étaient très agréables et les camarades, tout autant. Je quittais la Pension Impériale très tôt le matin pour la réintégrer très tard le soir, après le tournage en studio ou en exterieurs.

Avez-vous fait la connaissance de grands dignitaires allemands ?

J'ai rencontré Gœring et Gœbbels en visite officielle dans les studios de la UFA. Mais j'ai toujours refusé de me faire photographier en leur compagnie.

Quel est votre sentiment sur l'Avant-Garde des années vingt ?

J'avais aimé « La glace à trois faces », le film de Jean Epstein, sans éprouver cependant un véritable engouement pour ce style d'écriture filmique. Le cinéma sonore, dont on parlait déjà, et les perspectives du parlant me passionnaient davantage.

Quelle était la personnalité de Jean Epstein ?

Tout comme sa sœur Marie, Jean était un personnage très intéressant. Modeste, peu expansif, il savait se montrer d'une grande sensibilité.

« Cœur fidèle » est désormais un classique.

Et celle de Louis Feuillade ?

Feuillade était sur un plateau un être brusque, un « gueulard », si je puis dire, mais en dehors du studio, il changeait du tout au tout et savait se tenir en galant homme. Il m'avait même invitée un jour à dîner, en compagnie de son épouse. C'était pendant la réalisation de « L'homme sans visage », un film commencé fin 1919, terminé début 1920.

Jacques Feyder, votre metteur en scène de « Thérèse Raquin », a joué un rôle déterminant dans votre carrière...

Avec son grand talent, son intelligence d'érudit, son génie de très grand cinéaste et son élégance innée, Feyder est l'un des plus grands metteurs en scène de tous les temps.

En 1933, alors que je m'étais, pensai-je, retirée définitivement du cinéma, nous nous sommes retrouvés, sa femme Françoise Rosay, Marie Bell et Pierre Richard-Willm, alors qu'il filmait les extérieurs africains du « Grand jeu ». C'est lui qui m'a décidée à renouer avec la carrière de comédienne.

Marcel L'Herbier était-il un metteur en scène que vous aimiez ?

L'Herbier, tout comme son épouse, Marcelle Pradot, était fier et distant. Mais quel gentil camarade s'est avéré Jaque-Catelain, son interprète et compagnon de toujours, pendant la réalisation de « Nuits de prince » !

Un différend opposa Joseph Kessel, l'auteur du roman, à L'Herbier, ce qui obligea ce dernier à changer le titre du film en « Nuits de tziganes ».

Avec quels partenaires vous êtes-vous le mieux accordée ?

En général, je me suis bien entendue avec tous : de Cresté (« L'homme sans visage ») à Pierre Brasseur (« Pas de panique »), je pourrais citer André Roanne, mon amoureux des « Cœurs des 6 petites Françaises, Albert Préjean, le Serbe Ivan Petrovitch, le beau Suédois Lars Hanson, l'émouvant Gabriel Gabrio, Pierre Blanchar et Paul Azaïs, mes co-équipiers si chaleureux du « Diable en bouteille », Pierre Richard-Willm dont la grande classe était impressionnante, Valéryi Inkijinoff, ce Mongol raffiné, mon « vieux copain » Daniel Mendaille...

J'ai eu aussi la chance d'avoir des partenaires féminines extrêmement sympathiques : Liane Haid, Autrichienne si douce, ma rivale dans « S.O.S. », de l'Italien Carmine Gallone, Kate de Nagy, cette Hongroise fine, distinguée, à laquelle j'étais opposée dans « Le diable en bouteille », la belle Colette Darfeuil et l'étonnante Nadia Sibirskaïa, mes camarades dans « Sables » de Kirsanoff, la ravissante Jeanne Helbing, amie franche, gaie, cultivée...

Quelles difficultés avez-vous rencontrées pendant le tournage du « Requin », l'un des tout premiers films parlants français ?

Henri Chomette était chargé de nous diriger. Il était très coopératif, mais d'un naturel craintif, demeurait trop impressionné par la réussite de son frère, René Clair. Ceci dit, il n'y eut pas d'ennuis de tournage précis. Seul Samson Fainsilber – il jouait l'avocat – parlait vraiment dans ce récit d'aventures maritimes (nous n'étions qu'en 1929).

Pendant les deux ans qui suivirent, on prit l'habitude de trop parler et de trop chanter dans les films. Mais le parlant atteint rapidement sa perfection.

Votre passion pour les fauves est légendaire. Quelle en est l'origine ?

De mon père qui éprouvait une véritable adoration pour les animaux prétendus sauvages. Quand nous étions enfants, il nous emmenait, mon frère et moi, à la Foire du Trône, voir les dompteurs Bidel et Pezon. Ces spectacles me fascinaient.

Et votre attirance pour l'Afrique ?

J'ai apprécié l'Afrique du Nord et mon installation à Mechra-Ben-Abbou, en compagnie de mon second mari, Georges Charlia, se décida sur un coup de foudre. Six ans auparavant, lors du tournage de « Sables », j'avais éprouvé un plaisir singulier à parcourir l'Algérie et la Tunisie.

Avez-vous connu des heurts avec l'un de vos metteurs en scène ?

Pas de problèmes réels, sinon avec Léonce Perret qui devait me faire tourner « La danseuse orchidée », auprès du beau Ricardo Cortez, et qui s'est laissé imposer, au dernier moment, Louise Lagrange par les producteurs. En somme, c'est un Monsieur dont j'aime mieux ne pas parler...

Quelle pourrait être la définition de votre emploi ?

Je détestais mon emploi de femme fatale, attribué seulement en fonction de mon physique…

Quels sont vos meilleurs souvenirs de cinéma ?

« Thérèse Raquin », réalisé par Feyder, est de très loin le meilleur. Je classerais ensuite « Cœur fidèle » d'Epstein, et « Salto mortale » du réalisateur allemand Ewald-André Dupont.

J'ai toujours fait sincèrement, honnêtement, ce que l'on me demandait. Cette conclusion pour simple qu'elle soit, ne retire rien à la grande satisfaction personnelle que j'éprouve.

Septembre 85

Héléna MANSON
Caracas, 1900
Paris, 1994

Très tôt attirée par le théâtre, Héléna Manson acquiert un métier indéniable à la dure école des Pitoëff, où se produit également Michel Simon, comme elle venu de Genève.

Elle devient une présence recherchée du nouvel écran parlant, dès 1929, avec « Le mystère de la Villa Rose ». La comédienne se trouve alors au centre des premiers tournages parlants à Londres, à Berlin et – en France – à Joinville.

Cette personnalité de « second plan » a depuis parcouru tout le cinéma français (elle a été l'épouse de René Montis, directeur de production durant de nombreuses années). Mais pour la majorité des spectateurs, et des cinéphiles, Héléna Manson reste l'infirmière Marie Corbin du classique de Henri-Georges Clouzot, « Le corbeau » (1943).

Évoquons vos débuts au cinéma parlant.

Grâce à une photographie, prise par Michel Simon et déposée par mon mari chez Gaumont, j'ai été engagée pour jouer la vieille fille du « Mystère de la Villa Rose », l'un des tout premiers films parlants français. Voici comment les événements sont arrivés. Recevant une convocation pour un essai de voix, je me suis rendue au studio Photo-sonore de Courbevoie ; au même moment Annabella se présentait pour celui de la jeune première. Elle concourait avec Simone Vaudry et, curieusement, c'est cette dernière, aujourd'hui inconnue, qui a été choisie.

Comme la plupart des premiers films parlants français, le tournage s'est déroulé en Angleterre...

En effet, à ce moment-là, les studios français n'étaient pas encore équipés.

J'avais envisagé sans hésiter la perspective de faire du cinéma. Je gagnais alors 3 000 francs par mois au théâtre, chez Pitoëff, et là les producteurs m'offraient 500 francs de cachet par jour, plus une livre et demie de défraiement, ceci pour sept semaines de tournage. Acceptant un petit rôle, celui du chauffeur, mon mari m'a suivie en Angleterre. Tous les matins, une voiture venait nous prendre à l'hôtel pour nous emmener au studio qui, détail amusant, se trouvait en bordure d'une ligne de chemin de fer. Un machiniste était placé de façon permanente sur le toit, et à chaque fois qu'un train arrivait, il devait nous en avertir ! En fait, les studios étaient très mal insonorisés.

Puisqu'il s'agissait d'une co-production, une version anglaise était tournée parallèlement à la nôtre. Dès que l'équipe française partait, l'anglaise prenait le relais dans le même décor ; eux travaillaient la nuit et nous, le jour.

Quels problèmes posait le nouvel équipement sonore ?

Les lampes à arcs nous brûlaient les yeux. Léon Mathot et moi, nous avions les yeux clairs et, en arrivant le soir à l'hôtel, ils étaient rouges ; la sensation était horrible.

Le film était mis en scène conjointement par Louis Mercanton et René Hervil. Mercanton était un brave homme qui s'occupait principalement du son. Quant à Hervil, ancien acteur et grand trépané de guerre, il savait diriger les acteurs. Mais il fallait faire attention car il avait la réputation d'être hyper-nerveux !

Mercanton était paralysé par notre phonogénie ; perché dans une cabine, il me hurlait : « Articulez bien, Manson, que l'on vous comprenne » ! Une véritable affaire d'état, cette histoire du parlant !

Léon Mathot n'a-t-il pas connu quelques revers à cause du parlant ?

Par nécessité, Mathot a ensuite basculé vers la réalisation, drame de beaucoup d'acteurs du muet qui ne « savaient » pas parler. Ce n'était pas un « vrai » comédien et la nouvelle technique obligeait les metteurs en scène à recruter avant tout des gens de théâtre qui avaient par conséquent l'habitude de « passer la rampe » ; encore fallait-il « passer l'écran » !

Mais si Mathot parlait faux, cela ne l'empêchait pas, bien sûr, de dégager un certain charme, base de son succès pendant les années vingt.

Vous avez très bien connu Michel Simon. Quelles précisions pouvez-vous nous apporter à son sujet ?

Michel avait une gueule invraisemblable ! Boxeur, puis photographe, il venait prendre des clichés de nous au théâtre. Nous répétions « Mesure pour mesure » de Shakespeare, sous la direction de Georges Pitoëff qui souvent était à la recherche de figurants, choisis parmi de jeunes étudiants en quête d'un peu d'argent. Or, un jour, à force de voir déambuler Simon dans les couloirs, Pitoëff a cru bon de lui proposer un petit rôle, celui d'un prisonnier. « Vous aurez juste deux mots à dire : oui, Monseigneur, je le ferai Monseigneur. C'est tout ». Le pauvre bougre est tiré de son cachot, avec de la paille dans les cheveux, et il est montré au prince. Voilà le tableau ! Le premier soir, la représentation bat son plein. Pitoëff clame son grand laïus à tout le peuple ; j'étais devant lui, à genoux. Vous voyez la scène, une des scènes les plus dramatiques de la pièce et, d'un seul coup, nous entendons le public rire, rire de plus en plus fort. Comme Pitoëff était complètement myope, inquiet, il se demandait bien ce qui se passait : « J'ai peut-être quelque chose de ridicule » ? Nous étions tous à nous poser la même question ! En fait, c'était tout simplement Michel Simon en train de faire ses tics habituels (cet espèce de reniflement comique). Alors que nous étions une vingtaine en scène, le public, étrangement, n'avait vu que lui !

Cela devait se passer à la fin de 1921 et, peu de temps après, Pitoëff, à la tête de la troupe de Genève, à laquelle Simon et moi nous appartenions, décida de partir pour Paris.

J'ai revu Michel au cours de l'été 1925, à Genève. Je préparais mon départ pour une tournée (Grèce, Liban, Turquie). Je lui expose notre programme. « Donne-moi vite l'adresse », s'esclaffe-t-il aussitôt, je pourrai prendre des clichés merveilleux là-bas » ! Au plus grand étonnement de tous, il a réussi à se faire engager, sans doute à cause d'une désaffection de dernière minute. A chaque nouvelle représentation il nous en faisait voir de toutes les couleurs. Vous ne pouvez pas savoir quel phénomène il était !

Quelle était sa véritable personnalité ?

D'un tempérament bizarre, la folie de la persécution le dominait. Il racontait partout qu'il était sans le sou... (pourtant les collections de son père, qui était numismate, devaient déjà lui garantir un bon capital !).

Je vais vous raconter une anecdote à son sujet, que peu de gens connaissent. Avant de se faire engager chez Pitoëff, il s'appelait François Simon ; son fils, lui, se prénommait Michel. Mais pour le théâtre, il avait pris un pseudonyme impossible : Béroald (je possède encore des programmes sous ce nom). Le soir après la répétition, nous nous réunissions avec toute la troupe autour d'un « spaghetti » et un jour, quelqu'un lui dit : « Tu ne vas pas continuer à porter ce nom ridicule ». Et moi j'avance l'idée « Tu sais, Michel Simon, c'est finalement plus joli que François Simon ». Tout le monde approuve. C'est pourquoi, plus tard, il a toujours gardé le prénom de son fils !

Au début du parlant, Berlin était la capitale européenne du cinéma. Avez-vous souvent été engagée là-bas ?

D'importants studios s'étalaient tout autour de la ville. J'y ai fait mes premières synchronisations et tourné « Le cas du docteur Brenner », avec Jean Marchat pour vedette, où pour la première fois de ma carrière, j'étais une infirmière (un emploi qui m'a suivi longtemps !)

Nous étions vingt-deux artistes français logés à la Pension Impériale (Jean Gabin, Fernand Gravey, Pierre Brasseur, Henri Garat...).

Une voiture décapotable venait nous chercher chaque matin – les studios se trouvaient à 18 kilomètres – et jusqu'à l'arrivée, nous étions bombardés de tracts par des avions, tantôt à la solde des communistes, tantôt à celle des hitlériens. Pendant cet été 32, la campagne d'Hitler atteignait son degré le plus élevé. Dans Berlin, tous les jours, des combats de rue s'organisaient. Le soir, après dîner, nous descendions nous promener dans les beaux quartiers de la ville où nous avons découvert, en fait, une misère affreuse. Des étudiants, recroquevillés sous les portes-cochères, nous demandaient un peu d'argent ; à leurs yeux, nous étions de véritables millionnaires.

Je me souviens d'un événement concernant Madeleine Guitty (cette femme âgée un peu forte). Un soir, il était dix heures, Madeleine était toujours absente ; nous commencions sérieusement à nous inquiéter. Et, d'un seul coup, je l'ai vue arriver, les joues écarlates, les cheveux défaits. Dans un état pitoyable. Après avoir repris ses esprits, elle nous a tout raconté. La pauvre s'était trouvée prise dans un cortège communiste qui n'avait pas voulu la lâcher, et comme elle ne parlait pas un mot d'allemand, elle avait été forcée de le suivre, tellement elle était effrayée. Ainsi avait-elle parcouru tout Berlin !

J'ai travaillé aussi avec Pabst, pour « La tragédie de la mine ». Il faisait preuve d'une grande gentillesse envers nous tous et je garde de lui le meilleur souvenir.

Au début des années trente, les studios Paramount essayaient de rivaliser avec ceux de Berlin.

A Joinville, j'ai joué « Le réquisitoire », réalisé par un Russe blanc : Buchowetzki. Héroïne de ce drame assez sombre, Marcelle Chantal pouvait pleurer sur commande et jouait de cette faculté d'une façon étonnante !

Vous avez également assisté aux débuts de la synchronisation.

Tout a commencé à Berlin avec le système de Tobis qui, heureusement, n'a pas persisté. Nous étions chacun dans une sorte de tente où nous devions lire un disque en mouvement qui nous esquintait très vite les yeux. Puis ce fut directement à l'image, ce qui nous obligeait à apprendre le texte par cœur, d'où une perte de temps considérable ; la difficulté était renforcée par le fait que tout dépendait des labiales et des dentales. On utilisa enfin la bande rythmographique. Mais encore fallait-il être synchrone ! Des artistes de grand talent ne s'y habituaient pas, par exemple Elvire Popesco avec qui j'ai tourné « A Venise, une nuit », le film de Christian-Jaque. Comme nous n'avions pas eu droit au camion sonore indispensable aux scènes d'extérieurs, nous étions obligés de tout synchroniser en studio. Me tenant derrière elle, lorsqu'elle devait parler, je lui empoignais les bras et la pinçais à l'instant propice. Comme vous pouvez vous en douter, elle détestait ce procédé !

A travers toute votre carrière, quelle personnalité vous a particulièrement marquée ?

Parmi mes plus heureuses rencontres, celle de Buster Keaton fut pour le moins inattendue. Mon mari, assistant

Max Nosseck dans « Le roi des Champs-Elysées », comédie tournée à Paris, me racontait des histoires étonnantes sur son compte. Notamment celle-ci : une scène se déroulait autour d'un bar où se tenait Keaton un verre à la main. Brusquement, un acteur devait lui taper dans le dos et toute la boisson devait s'échapper du verre. Buster réussissait le véritable tour de force de rattraper le liquide, sans en faire tomber une seule goutte. Ahurissant, non ?

Réplique de Françoise Rosay dans « Pension mimosas », vous apparaissez coiffée en blonde. Comment avez-vous obtenu ce rôle assez singulier ?

Jacques Feyder cherchait une comédienne correspondant au physique de sa femme qui, au cours de ce scénario, prenait une fausse identité afin de gagner de l'argent au casino et sauver ainsi Paul Bernard. Feyder m'a donc demandé d'endosser la même perruque qu'elle – ses cheveux blonds célèbres – et de la sorte on pouvait trouver en effet une certaine ressemblance.

Quelle est la définition de votre emploi ?

J'ai toujours été placée à côté de la vedette, on peut appeler ce type de personnage, si vous voulez bien, des grands seconds plans. Avec Larquey, Carette, Fusier-Gir, nous aussi, nous avons tout de même participé à l'Histoire du Cinéma !

Les producteurs vous ont souvent cataloguée parmi les femmes « méchantes », cela vous ennuyait-il ?

Les rôles étaient ainsi : des garces, des vieilles filles, des mères de famille ; j'ai joué beaucoup de folles également !

Au théâtre, vous avez interprété « Chéri », avec Colette. Un être certainement exceptionnel ?

En plus de la femme de lettres bien connue, Colette avait été critique dramatique. Elle m'avait remarquée et finalement choisie pour lui donner la réplique sur scène (j'en étais si fière !).

S'adressant à Marguerite Moreno, elle avait dit à mon sujet : « Regarde-la, n'as-tu jamais vu de plus beaux yeux-pers » ?

Octobre 93

Blanche MONTEL
Tours, 1902
Paris, 1998

Comédienne de théâtre et de cinéma, Blanche Montel est en 1919 la jeune première de plusieurs films de Louis Feuillade. Ce n'est pas sa première apparition à l'écran puisque, très jeune, elle avait déjà tourné quelques bobines amusantes en compagnie de Fernand Gravey.

Vedette adulée du muet (« L'affaire du courrier de Lyon », « La belle Nivernaise », « Après l'amour »), elle franchit sans encombre le cap du parlant avec « L'Arlésienne » (1930), « Les trois mousquetaires » (1932), « Clair de lune », « Les bleus du ciel » (1933), réalisé par Henri Decoin, son mari, mais porte finalement sa préférence à la scène.

Elle y interprète notamment « Les vignes du seigneur », « Vient de paraître » et « Sérénade à trois », avec Claude Dauphin et Jean-Pierre Aumont, un ami de longue date (qui fut un temps son compagnon).

A ses multiples activités, Blanche Montel a ajouté celle d'agent artistique (la Cimura) auprès de la génération montante de l'après-guerre.

Parmi vos films muets, lequel selon vous se détache tout particulièrement ?

J'ai une préférence pour « L'affaire du courrier de Lyon ». Jouer dans un film de « Monsieur » Léon Poirier n'était d'ailleurs pas une mince affaire puisqu'il était l'auteur, l'année précédente, d'un triomphal « Jocelyn ».

Poirier et Gaumont avaient pourtant longtemps hésité à m'engager. Seulement, Madame Poirier m'avait choisie... « C'est impossible, lui avait-on répondu, il s'agit d'une mère de trois enfants, et Blanche n'a que vingt et un ans !
– Aucune importance et même si elle n'a pas encore joué de rôles dramatiques (j'étais habituée aux comédies dites légères) elle sera très bien ». Étant sous contrat, et ne devant pas leur coûter tellement cher, j'ai donc hérité du rôle.

Le final de ce film comportait une scène extrêmement poignante où est survenu un événement imprévu. Voici la situation. Mme Lesurques arrive sur la place publique où elle espère sauver son mari promu à l'échafaud et, trop tard, la tête de l'homme qu'elle aime tombe sous le couperet de la guillotine...

Précisons qu'à chaque tournage une musique de fond accompagnait systématiquement les acteurs pour les mettre, si je puis dire, en état de grâce.

Ce jour-là, Mme Poirier avait demandé le silence total pour pouvoir donner dès mon arrivée dans le champ de la caméra... de violents roulements de tambour (elle voulait me surprendre, m'aider à vivre la situation...).

Cette scène, je n'ai pas eu à la recommencer, c'est tout juste si les techniciens ne pleuraient pas ! Le lendemain, j'eus le grand privilège de recevoir une lettre – manuscrite – de Léon Gaumont en personne (il n'était pourtant pas du genre à vous envoyer ses félicitations !). Ce succès, je le devais à l'ingéniosité de Mme Poirier, et je dois avouer que cet instant d'émotion est l'un des temps forts de ma vie d'actrice.

Quel producteur était Léon Gaumont ?

Il ne s'occupait jamais des acteurs, cela ne l'intéressait pas, et je le voyais pour ainsi dire à peine. Avant tout ingénieur, il se servait du cinéma pour expérimenter ses recherches personnelles. Son objectif principal était surtout de trouver de nouveaux effets pour améliorer la technique cinématographique. A ce propos, je suis la première femme à avoir tourné un film en couleurs (cela devait se passer vers 1922-1923).

Ce court-métrage, une petite bande de trois cents mètres, basée sur un scénario de rien du tout, n'était pas destiné au public, mais simplement à la profession ; de la sorte, elle seule l'a vu (on ne pouvait pas le reproduire et je ne sais même pas si la pellicule a pu être conservée). Son tournage eut lieu à Deauville et je me rappelle m'être trouvée plus jolie en couleurs qu'en noir et blanc !

Qui l'avait mis en scène ?

Léon Gaumont lui-même. Intitulée « La cage ouverte », l'histoire simplette, contait les émois timides de deux amoureux… Les couleurs étaient très belles, très simples, tellement différentes du Technicolor américain que nous avons pu voir par la suite, en ce sens où les coloris, beaucoup moins vifs, s'apparentaient à un pastel. Le souci de rechercher le naturel l'avait d'ailleurs pleinement accaparé. Jamais pourtant il ne nous en a soufflé mot. Un « monde » immense nous séparait : il était le patron, et nous, les « pauvres acteurs ». Sans être discourtois ou brutal, bien au contraire, il n'était cependant pas liant…

A son sujet, l'on cite une histoire fort drôle à laquelle je n'ai pas assisté, mais Feuillade me l'a racontée par la suite (elle doit se situer peu de temps après l'Armistice de 1918). Elle vous montrera avec plus de précision son véritable état d'esprit.

Feuillade tournait quelques extérieurs à Marseille lorsqu'il apprend que le « Patron », avant de rejoindre sa propriété de Saint-Maxime, va lui rendre visite (il était bien le seul Parisien à habiter, l'été, un coin aussi perdu, la mode n'était pas encore à la Côte d'Azur, surtout en cette saison).

Joyeux luron, Feuillade décide, avec la complicité de son équipe technique, de lui offrir un excellent dîner, tout en essayant de le saouler quelque peu. Après coup, de le mettre dans une condition agréable afin de l'entraîner dans la vieille ville, à l'intérieur d'une maison close, où étaient projetés des courts métrages que l'on n'appelait pas encore pornographiques, mais tout simplement « cochons » (infiniment plus caché qu'aujourd'hui, ce type de films, en fait, a toujours existé...).

M. Gaumont ne se rend pas du tout compte où on le conduit. La patronne de l'endroit, prévenue de la grande discrétion dont il fallait faire preuve, les emmène dans une petite salle de cinéma. Elle place au premier rang notre invité d'honneur ; le reste de la troupe s'assoit derrière. Une douce pénombre enveloppe la pièce, tandis que deux charmantes demoiselles viennent se glisser près de M. Gaumont. Lui, curieusement, les regarde mais ne dit rien. Le film commence et au bout d'un moment, on le voit se lever et quitter la salle. La lumière revient. L'air soucieux, M. Gaumont sort soudain de la cabine de projection et lance au plus grand étonnement de l'auditoire :

« Leur appareil de projection est un Pathé... » !

Pour une soirée percutante, voilà qui était réussi. Léon Gaumont s'était uniquement préoccupé du système de projection !

Comment travaillait-on avec Louis Feuillade ?

J'ai appartenu à sa troupe pendant deux ans. Il n'avait pas encore à ce moment-là cette auréole de prestige dont on l'a paré depuis. Il était considéré comme un metteur en scène ordinaire, réalisant des films qui gagnaient beaucoup d'argent. Ce qui, soit dit en passant, permettait à la Société Gaumont d'en perdre autant avec ceux de Marcel L'Herbier.

Esthète en quête de recherches visuelles, L'Herbier avait sa troupe bien à lui. D'ailleurs, entre elles, chaque équipe se fréquentait rarement. Celle de L'Herbier affichait le plus profond mépris envers celle de Feuillade ; nous ne sortions pas dans les mêmes restaurants, ne fréquentions pas les mêmes gens...

Au centre, se plaçait celle de Léon Poirier ; bien plus sympathique, elle n'en était pas pour autant plus amicale. La raison de ce rejet était sans doute que nous tournions des succès hyper-populaires. C'est pourquoi lorsque j'ai quitté Feuillade pour entrer, d'abord chez Henri Desfontaines, puis chez Poirier, la troupe entière m'a fait la tête.

Finalement, j'ai décidé de me consacrer au théâtre, ce qui ne m'a pas empêchée de faire d'autres films, mais d'une façon plus irrégulière.

Je pense avoir davantage réussi ma carrière théâtrale, je m'y donnais plus à fond et le plaisir de jouer de grands auteurs est irremplaçable. Alors qu'à l'écran je ne ressens pas spécialement la satisfaction d'avoir été très bonne ou d'avoir participé à des chefs-d'œuvre inoubliables.

Un élément jouait contre moi : handicapée par mon physique, je trouvais mon nez trop long, mes yeux cernés, et je « photographiais » mal. La faute en revient à Feuillade. « Toi, avec ton grand nez, tu accroches toute la lumière » ! m'avait-il dit un jour. Sa réflexion était méchante et, en plus, injuste. Pourtant, bêtement, je l'ai cru, et n'osant plus me montrer de profil, je m'arrangeais toujours pour me placer de trois-quarts, d'où des attitudes en général peu naturelles. Ce manège m'a rendue malheureuse et je lui en ai voulu. Plus tard, à revoir certaines photos, je ne me suis pas trouvée si laide que ça. Et tout cela à cause d'une réflexion.

Ces troupes, dont vous nous avez parlé précédemment, étaient-elles toujours composées des mêmes acteurs ?

Feuillade était fidèle. J'ai joué trois films sous sa direction : « Barabbas » en 1919, « L'orpheline » et « Les deux gamines » en 1920. Le comique était Biscot et les deux jeunes premières, Sandra Milowanoff et moi.

Il faut rappeler que le cinéma ne se prenait pas très au sérieux. Les metteurs en scène ne recherchaient pas d'une manière aussi prononcée les effets de lumière ou de photographie, tant prisés par la suite !

Le plus ennuyeux était que nous étions très mal payés. Lors de nos extérieurs à Nice, je touchais onze francs de défraiement par jour. Je jugeais que cette somme était vraiment trop mince et suis allée à la direction demander une augmentation.

M. Gaumont m'a fait répondre, ceci très gentiment, bien entendu, qu'il n'y avait pas de raisons d'attendre un bénéfice de notre déplacement...

Que pensiez-vous des scénarios ?

Nous n'étions pas très difficiles, et de toute manière, nous n'avions pas voix au chapitre.

Pour ce qui est des films à épisodes, nous ne savions jamais ce qui se passerait le lendemain. Un jour, vous obteniez un très joli rôle et, dans l'épisode suivant, il devenait quelconque. Le statut de vedette n'était pas encore instauré. Inutile de vous dire qu'on ne venait pas nous chercher dans une voiture de luxe. C'est plus tard, vers la fin des années vingt, qu'un tel phénomène a vraiment pris corps.

Nous n'avions pas non plus d'habilleuse, ni de maquilleuse (sauf si une scène nécessitait une transformation ou un vieillissement). Je me souviens que la première fois où une personne s'est mise à me tripoter la figure, j'ai trouvé cela très désagréable et si peu hygiénique !

Jean Epstein est considéré comme un « grand » du Septième Art. Avec lui vous avez tourné, en 1924, « La belle Nivernaise ».

Aujourd'hui, Epstein est, en effet, acclamé comme un puriste. Cependant sa sœur, Marie, est davantage restée dans ma mémoire...

Pour ce qui est du film proprement dit, je dois vous avouer ne pas avoir gardé une impression de choc. L'histoire était, somme toute, banale, seulement le tournage était assez amusant : nous descendions la Seine sur « La belle Nivernaise » et, le soir, dormions dans les auberges simplettes du rivage.

Quelques années plus tard, alors que le cinéma muet semblait déjà une antiquité, je suis allée revoir ce film avec Henri Decoin, mon mari. Quelle ne fut pas ma déception en me voyant, les cheveux tirés, si laide, si insignifiante, que j'avais honte de l'avoir emmené !

Dans quelles circonstances avez-vous rencontré Henri Decoin ?

Journaliste sportif, Henri était l'auteur du scénario du « Roi de la pédale » dont l'intrigue était basée sur le Tour de France : Biscot et Jean Murat, tous deux cyclistes, me faisaient la cour ; et qui, d'après vous, avait-il choisi de me faire épouser ? Biscot ! « Voilà qui est complètement idiot » ! me suis-je moquée.

Henri a été le grand amour de ma vie. Notre union a été un mariage d'amour et nous avons eu un fils, Jacques. Et pendant huit ans nous avons été très heureux.

Comment avez-vous ressenti l'arrivée du parlant ?

Ce fut un bonheur pour moi. Le cinéma sollicitait les acteurs de théâtre et c'est véritablement à ce moment-là qu'il a été accepté de tous, même par les snobs (le monde et le demi-monde parlaient volontiers de théâtre, mais peu de cinéma, qu'ils considéraient comme un art inférieur).

Alors que plusieurs têtes d'affiche du muet avaient du mal à passer le cap du parlant, j'avais une voix bien timbrée, une bonne articulation, qualités que j'avais travaillées à la scène. Ce changement, je l'ai donc effectué en toute facilité.

La firme allemande UFA m'engagea pour interpréter à Berlin la version française de « Flagrant délit », avec Henri Garat, et je rentrai ensuite à Paris pour créer, au Théâtre des Variétés, une pièce avec Jules Berry (un prodigieux comédien) : « L'éternel printemps ».

Un peu plus tard ce fut ma rencontre gaie, charmante avec Jean-Pierre Aumont – une belle et grande amitié – et Raymond Rouleau. Ensemble, nous avons joué le succès de Noël Coward, « Sérénade à trois », un sujet un peu leste que Raymond mettait en scène et qui fut pour nous l'occasion de nombreux fous-rires.

En 1932, vous êtes Constance Bonacieux dans « Les trois mousquetaires ».

C'était une grosse production et les nombreux extérieurs ont été tournés au Château de Chenonceau. La distribution était prestigieuse : Harry Baur, Samson Fainsilber – le Cardinal de Richelieu – Henri Rollan... Roland Toutain devait jouer D'Artagnan – bondissant comme il l'était, il aurait été merveilleux – mais c'est Aimé Simon-Girard qui finalement a repris ce rôle, qu'il avait déjà joué dans la version muette, également dirigée par Henri Diamant-Berger.

Harry Baur était Monsieur de Tréville, le chef des mousquetaires. Comme la plupart des grands acteurs, il était dans la vie d'une grande simplicité.

A cette époque, l'élégance des actrices était très remarquée...

Au début du parlant, les plus grands couturiers ne demandaient pas mieux que de nous habiller – gratuitement –, alors qu'il n'en avait rien été au temps du muet. Nous étions devenues pour eux un précieux atout publicitaire. Les cocktails, les soirées, les premières..., le milieu du spectacle vivait dans un luxe certain, cinéma y compris.

C'était désormais le temps – aujourd'hui lointain ! – des mondanités... une époque qui avait bien du charme.

Septembre 92

Louis PAGE
Lyon, 1905
Saucy, 1990

Tel un prestidigitateur, Louis Page éclaire de sa lanterne magique les scénarios les plus variés du cinéma français : « La kermesse héroïque », « Espoir », « Sortilèges », « Les frères Bouquinquant », « La mariée est trop belle » sans oublier son passage à la London Films, chez les frères Korda, avec « Bozambo » (1935).

A travers sa prolifique carrière où se côtoient les noms de Jean Cocteau (« Le sang d'un poète »), René Clair (« Le million », « 14 juillet »), Marcel Carné (« Quai des brumes »), ce passionné de peinture s'est imposé comme l'un des chefs-opérateurs les plus réputés de sa génération.

Son association à l'œuvre de Jean Grémillon a été aussi étroite que durable : « Daïnah la métisse » (1931), « Lumière d'été » (1942), « Le ciel est à vous », « Le 6 juin à l'aube », « L'étrange Madame X » (1950), « L'amour d'une femme » (1953).

Après-guerre, Louis Page est quasiment attitré à tous les films de Jean Gabin : « Au-delà des grilles », « Des gens sans importance », « Le président ».

On pourra lire avec intérêt sa participation au livre *Le cinéma par ceux qui le font* (Édition Fayard).

Quelle est votre définition du métier d'opérateur ?

L'opérateur doit toujours se polariser sur le sujet : mettre le décor en valeur, créer l'atmosphère et donner une image aussi expressive que possible. On ne photographie pas un drame comme une comédie, et vice-versa.

Quelle avait été votre formation première ?

Je suis entré dans la vie professionnelle comme enseignant alors que je n'étais absolument pas fait pour ce métier. Décidé à passer le concours des Arts Décoratifs, j'ai été finalement reçu et du même coup j'ai abandonné ma précédente activité. Avant d'entrer dans le cinéma, j'ai dessiné et peint quelque peu.

A quel moment êtes-vous passé de cadreur à chef-opérateur ?

J'ai occupé les fonctions et les responsabilités de « chef » à partir de « Jeunes filles de Paris », le film de Claude Vermorel. En fait, j'étais tantôt cadreur, tantôt opérateur. En 1938, nous sommes allés filmer seuls, Pabst et moi, les extérieurs du « Drame de Shanghaï », en Indochine.

Quel a été votre rôle dans « Le million » de René Clair ?

Nous devions préparer, Georges Périnal et moi (j'étais alors son assistant), une séquence censée se dérouler sur la scène d'un théâtre lyrique. Le décor de Meerson était assez simple, il ne représentait que la fosse d'orchestre et la scène, elle-même appuyée, de part et d'autre, sur les murs du studio, n'offrant de la sorte qu'un angle frontal. Pour photographier Odette Talazac et son ténor, j'avançai l'idée qu'il serait bien plus amusant de les voir du poulailler ; Périnal était d'accord. Et c'est ainsi que nous avons placé une caméra au plafond du studio, sans en avertir René Clair ! De là, j'ai filmé la fosse d'orchestre, panoramiquée sur le lever du rideau, et l'entrée des chanteurs. En changeant d'objectifs, j'ai obtenu plusieurs plans différents.

René Clair fut très content du résultat. Cette initiative me valut de passer cadreur de Périnal, avec lequel, « Le million » terminé, j'ai tourné « Daïnah la métisse » de Jean Grémillon.

René Clair ne s'intéressait-il pas davantage au scénario qu'à la technique ?

Clair était un excellent monteur et, à ce titre, « Les deux timides » est un chef-d'œuvre. Je n'ai jamais revu non plus un cinéaste utilisant un découpage aussi précis où même les objectifs étaient inscrits, indications qu'il suivait à la lettre.

A compulser votre filmographie, il est surprenant de vous voir au générique d'une production anglaise signée des frères Korda...

J'avais travaillé avec Alexandre Korda, toujours comme cadreur de Périnal, dans « La dame de chez Maxim's ».

Les frères Korda étaient trois : Alexandre, metteur en scène qui dirigeait l'importante « London films », Zoltan, également metteur en scène, et Vincent, décorateur.

C'est en 1935 que Zoltan me demanda de travailler dans son film « Bozambo » (« Sanders of the river ») dont l'interprète principal était l'acteur-chanteur noir Paul Robeson.

Les extérieurs ont été filmés en Ouganda et au Congo belge. Pour la circonstance j'ajoutais à mes fonctions de photographe celle de dessinateur de décors. Afin de me documenter, j'avais utilisé un numéro de la revue « Le Minotaure », consacré à la mission Dakar-Djibouti par le Musée de l'Homme. Ce numéro était abondamment illustré et je me suis servi de centaines de photographies pour la construction de notre deuxième village indigène dont l'aspect devait être différent de notre village ougandais (l'intrigue racontait la rivalité de deux clans ennemis). Une tribu entière a été nécessaire pour nous aider et servir à la fois de figuration.

Un épisode du scénario devait se passer sur un fleuve et montrer les indigènes dans leurs pirogues. Nous avons quitté l'Ouganda et sommes passés au Congo belge. C'est à Stanleyville, sur le fleuve Congo, que nous avons trouvé les pirogues. C'étaient de très grandes embarcations taillées dans des arbres gigantesques (certaines pouvaient contenir notre propre équipe, composée de six personnes, quinze rameurs de chaque côté, et un orchestre, pour donner le rythme). Nombre de ces plans servirent de fond pour ceux où Paul Robeson, qui n'était pas avec nous, devait figurer.

« La kermesse héroïque » est l'un des films les plus célèbres auxquels vous avez participé.

Les décors de Meerson et de Trauner étaient exceptionnels : on se serait cru plongé en plein pays flamand au moment de la domination espagnole. J'occupais les fonctions de cadreur et le plaisir de retrouver Trauner, que j'avais connu à l'occasion d'« A nous la liberté » et « 14 juillet » de René Clair, était partagé.

Jacques Feyder avait l'art et la manière de faire ce qu'il voulait des acteurs. Il les laissait se placer eux-mêmes à l'intérieur du décor – ils croyaient donc avoir l'initiative ! – puis, avec doigté, il les corrigeait à sa manière.

Et Françoise Rosay ?

Malgré sa réputation difficile, Françoise Rosay ne faisait pas d'observations dans le travail. Elle était même très docile et je ne l'ai jamais vue s'accrocher sur quoi que ce soit avec ses metteurs en scène. En réalité, son attitude autoritaire n'était qu'une apparence et si elle se permettait avec Feyder quelques remarques personnelles, elles traitaient davantage de leur vie commune que du travail.

Après guerre, quelle fut la participation effective de Feyder à « Macadam » ?

Si Marcel Blistène a signé le film, c'est en fait Feyder qui l'a pratiquement réalisé. A l'origine, il n'aimait pourtant pas le sujet, mais puisque sa femme était au générique, il accepta le titre de superviseur.

Dix ans après « La kermesse héroïque », il s'agissait surtout de le faire renouer avec une ambiance de plateau et le remettre ainsi en selle.

Pour un seul film, « L'affaire Lafarge », vous travaillez avec Pierre Chenal...

Nous avons tourné ce scénario historique aux studios de la rue François 1er et à ceux de Billancourt. Jolie femme, Marcelle Chantal s'est révélée bonne comédienne, mais Erich von Stroheim ne m'a pas semblé très à l'aise...

Quels souvenirs avez-vous de « Courrier-Sud », le film de Pierre Billon ?

Billon était un être d'une grande honnêteté vis-à-vis des personnes qu'il côtoyait, et dans le travail, il savait exactement ce qu'il voulait.

L'ambiance était sympathique et je retrouvais à cette occasion mon grand ami Charles Vanel. Tout le monde adorait Pierre Richard-Willm, personnage aussi raffiné que chaleureux.

Nos extérieurs ont été filmés à Mogador, au Maroc, près d'une piste d'atterrissage la plus limitrophe possible du désert (notre horizon ne devait présenter que du sable).

Saint-Exupéry, l'auteur du livre dont était tiré ce film, pilotait lui-même l'avion qui nous servait à chaque prise aérienne. Notre travail l'intéressait et, entre chaque pause, il nous racontait des histoires passionnantes relatives, précisément, au récit que nous tournions (son record du monde en ligne droite où intervenait l'anecdote du fennec...). Il nous a également aidés à disposer l'appareil – couché sur la dune – scène qui, grâce à lui, bénéficiait d'une véritable authenticité.

Et « Espoir » d'André Malraux ?

En général, mes souvenirs ne sont pas directement liés au récit ou aux participants d'un film, mais davantage aux circonstances dans lesquelles il a été réalisé, et c'est le cas d'« Espoir »... Il a été tourné pendant les six derniers mois de la guerre d'Espagne, au prix de très grandes difficultés. Le temps nous a manqué pour filmer la troisième partie du scénario, celle qui concernait les dynamiteros. Nous nous demandions même si ce que nous avions en boîte pouvait être monté... Malraux réussit un montage dont le résultat fut au-delà de nos espérances et c'est pourquoi à sa sortie, en 1945, ce film de 1939, à cause de ses manques et de ses raccourcis, parut en avance sur son temps.

Quel était le message politique du film ?

Malraux avait cité à son sujet : « Si le Front Populaire gagne, ce sera un film d'espoir, s'il perd, ce sera un chant funèbre... » Pendant la guerre, « Espoir » fut, bien sûr, interdit des écrans.

A plusieurs reprises vous travaillez avec Marcel Carné...

Sur un plateau, Carné se montrait exigeant et de rapports parfois ombrageux (il tape facilement du pied !).

Au cours de « Quai des brumes », une scène, celle de l'altercation entre Jean Gabin et Michel Simon, présentait quelques difficultés. Comme vous le savez, Gabin n'a jamais eu un comportement belliqueux, et en aucune façon vous le verrez se battre à l'écran. Une telle scène ne faisait donc pas partie de son tempérament, surtout si l'on sait que Simon avait été boxeur... ! Celui-ci lui disait : « Cogne, tu n'arriveras pas à me toucher... » !

Gabin était très énervé.

Vous avez participé à beaucoup de ses films...

Nous nous entendions bien Gabin et moi. Je me souviens, en particulier, du tournage en Italie d'« Au-delà des grilles », le film de René Clément. Les scénaristes français avaient abandonné leur sujet et une rivalité s'était engagée entre Clément et les responsables de la production italienne. Une nuée d'auteurs italiens ont voulu reprendre l'histoire en mains d'où une fin, à mon avis, d'une qualité inférieure aux premières séquences.

Isa Miranda, notre star italienne, était très malade et régler un gros plan de son visage fatigué ne devenait pas facile. L'entente assez délicate entre Gabin et elle rendait l'ambiance plus tendue encore. Ce film a néanmoins obtenu l'Oscar du meilleur film étranger à Hollywood.

Vous avez été le collaborateur attitré de Jean Grémillon. Pourquoi lui avait-on attribué cette étiquette d'« auteur maudit » ?

L'aspect social qui se maintenait à l'avant de ses films, ne plaisait pas toujours. Malgré tout, il lui est arrivé d'accepter des films alimentaires comme « L'étrange Madame X », dont l'héroïne était Michèle Morgan.

L'échec de « L'amour d'une femme » fut très grave. C'était pourtant un bon film mais voir une femme-médecin ne surprenait plus personne, sauf, peut-être, les habitants de coins isolés comme ceux de l'île d'Ouessant où a été tournée cette histoire.

La plupart de ses œuvres présentent des sujets assez noirs...

Noirs ? Non, Grémillon s'est toujours intéressé au quotidien, au monde du travail. Une exception toutefois : « Lumière d'été »... Le fait que ce film présente des personnages singuliers dans une singulière situation en fait certainement un des plus beaux films baroques français.

Pour le centenaire de la Révolution de 1848, il avait un projet ambitieux, intitulé « Le printemps de la liberté », qui devait être financé par le gouvernement. A travers cette chronique historique, il voulait glorifier le milieu ouvrier, sujet idéal qui lui aurait permis d'afficher ses tendances les plus personnelles sur la condition humaine. L'argent nécessaire à sa réalisation ne lui est jamais parvenu.

Son film, « Le ciel est à vous », est une date importante du cinéma de l'Occupation.

Raoul Ploquin, notre producteur, avait travaillé à la UFA et ses relations, ainsi que sa parfaite connaissance de la langue allemande, lui ont incontestablement servi pour mener à bien cette entreprise difficile.

Au tout début de nos prises de vue, nous étions en voiture, Jean Grémillon et moi, lorsque bloqués sur la route, à quelques centaines de mètres de l'aéroport du Bourget, nous avons assisté au bombardement de l'aérogare. Heureusement, notre décor, planté très loin sur la piste d'atterrissage, n'avait subi aucun dommage. Mais pour l'envol de Madeleine Renaud, dans sa tentative pour battre le record de distance en ligne droite, il fallait un aérodrome plus officiel que notre petit aérodrome de province... Ploquin obtint des autorités allemandes l'autorisation d'utiliser celui de Bron, à Lyon.

L'aérogare était camouflée et le terrain servait à l'entraînement de la chasse allemande. Nous avons repeint en blanc une partie de l'aérogare et avons occupé les lieux pendant plusieurs jours (la chasse allemande était ainsi clouée au sol... !).

Pour les scènes de nuit, sans tenir compte du blackout total imposé, nous avons illuminé l'aérogare et le terrain, ce qui projetait dans le ciel un halo lumineux visible à plus de trente kilomètres. Le colonel allemand commandant la base était furieux mais... il avait des ordres.

Avez-vous toujours été libre dans votre travail ?

Rares sont les metteurs en scène qui m'ont donné des indications précises (parfois, on me citait un film comme exemple). Un cinéaste de la valeur de Grémillon me faisait entière confiance. J'ajoute que très peu de réalisateurs connaissent notre métier. L'un des seuls à posséder cet œil critique et inventif de l'image, aura été certainement Josef von Sternberg.

Arrêtons-nous sur la première œuvre – au cinéma – de Jean Cocteau : « Le sang d'un poète », également votre premier film.

Tout d'abord, il faut savoir que Jean Cocteau, Michel Arnaud et moi avons abordé le cinéma sans aucune expérience.

Le Vicomte de Noailles, célèbre mécène d'artistes surréalistes, avait confié à Cocteau la réalisation d'un dessin animé, servant de première partie (court-métrage situé avant l'entracte) au film de Buñuel, « L'âge d'or ». Occasion pour Cocteau de se faire aimer des surréalistes qui affichaient alors le plus profond mépris à son égard.

Cocteau, même s'il maîtrisait parfaitement le dessin, a tenu toutefois, à consulter un vrai professionnel. Dans « La Revue du Cinéma », publication dirigée par Jean-Georges Auriol, un scénario de dessin animé signé Michel Arnaud, illustré par un de mes dessins, attira son attention. Cocteau contacta Arnaud et, après une longue discussion, ils se sont mis d'accord : « Et si nous faisions un dessin animé sans dessins » ! Cocteau lui a dicté son scénario qu'il soumettait, dès le lendemain, au vicomte.

Comment avez-vous procédé pour réaliser les différents truquages ?

Pour le masque du jour et de la nuit (tantôt blanc, tantôt noir) j'avais acheté un jouet, un petit phonographe de Prisunic, qui a très bien fait l'affaire. Je suis l'auteur aussi du truquage de la main avec la bouche à l'intérieur.

Pour imiter le sang, après le suicide du poète, Cocteau a utilisé une étoffe rouge, l'andrinople, qu'il drapait autour de la tête de Riveiro. Mais le plus délicat a été de placer les cartes du monde sur le dos du bœuf : la colle, sous la chaleur des projecteurs, séchait très vite et le corps de l'animal en lui-même ne se prêtait guère à ce procédé (si bien qu'il s'agissait davantage d'une carte en relief !). De plus, le bœuf ne voulait absolument pas avancer… nous avons été obligés d'employer un travelling pour simuler son déplacement !

Et celui de la glace ?

Ce n'est pas le plus réussi. Après avoir construit une piscine, nous avons installé un encadrement de miroir autour ; seulement à chaque « entrée » du personnage, les giclements de l'eau sont visibles...

Le succès du film fut grand (il est resté six ans en exclusivité dans un cinéma d'art et essai, à New York). A le revoir aujourd'hui, il perd néanmoins de son éclat ; les copies qui circulent sont mauvaises et de ce fait ne restituent que faiblement la luminosité de l'époque.

Qui était Enrique de Riveiro, l'acteur principal ?

Cocteau avait lui-même trouvé ce comédien de théâtre. Quant à la Muse, il s'agissait d'une photographe américaine qui travaillait avec Man Ray.

Ce film n'a-t-il pas provoqué de nombreux scandales ?

Située dans une cour, la séquence de la partie de cartes – la Muse dit au héros : « Si vous n'avez pas l'as de cœur, vous êtes un homme perdu » ! – était entrevue de deux balcons où tenait lieu de figuration la « gentry » de la fin des années vingt : en tête, Marie-Laure de Noailles.

Or, au sein même de la haute société, de nombreux clans se jalousaient et cette scène où l'on assistait à l'assassinat d'un enfant – tué d'une boule de neige – ne manqua pas de provoquer quelques remous : « Comment de si hauts personnages pouvaient-ils prendre part à un tel spectacle » ? Aussi fallut-il impérativement retourner les plans des deux balcons en question avec de véritables acteurs. Dans le premier, il y avait Babette, travesti célèbre qui se produisait dans des cabarets à la mode, entouré pour la circonstance de ses amis, et dans le second, Odette Talazac, cantatrice et actrice du « Million » à la corpulence assez forte, accompagnée d'un figurant, le bras en écharpe, avec un cocard sur l'œil !

Août 86

Mireille PERREY

(Camille Mireille Perret)
Bordeaux, 1904
Fontainebleau, 1991

Un physique piquant caractérise cette jeune première du début du parlant qui est, en 1931, la vedette de « Je serai seule après minuit », une comédie spirituelle de Jacques de Baroncelli, puis du « Chasseur de chez Maxim's », de « Juanita », et de « Nadia, la femme traquée » (1939).

Par la suite, si elle est une présence recherchée de l'écran (elle donne la réplique à Fernandel dans « Jim la houlette », « Cœur de coq », « Meurtres » (1950), à Louis Jouvet dans « Miquette et sa mère », « Knock », à Bourvil dans « Le rosier de Madame Husson », « La jument verte » (1959)...), c'est en fait le théâtre qui l'accapare.

Après le Conservatoire où elle avait appris le violon, elle fit ses débuts à l'Odéon, ayant remporté un premier prix de comédie dans la classe de Denis d'Inès.

A la Comédie-Française (elle y séjourne de 1942 à 1947), elle eut pour partenaire Raimu dans « Le bourgeois gentilhomme » et « Le malade imaginaire ».

Quels ont été vos premiers succès ?

Je venais de jouer – et chanter – au Théâtre de l'Odéon, Chérubin, dans « Les noces de Figaro », lorsque Oscar Strauss est venu à Paris. Il cherchait pour le rôle principal de son œuvre, « La Térésina », une jeune femme dans le genre de « Madame Sans-Gêne », pièce que je connaissais bien puisqu'elle m'avait permis de remporter, à l'unanimité, un Premier Prix au Conservatoire. Pourvue d'une jolie voix, je me suis présentée, et sous la condition expresse de beaucoup travailler, Strauss me promit de m'engager pour le rôle titulaire... J'avais pour partenaire un nom prestigieux : André Baugé.

Ce fut un gros succès et, immédiatement, une proposition de cinéma est arrivée. Il s'agissait de « Pas sur la bouche », film interprété et réalisé par Nicolas Rimsky, peu de temps après l'avènement du parlant. Gloire de l'écran muet, la renommée de Rimsky était fabuleuse ; son fort accent russe le réduisit, cependant, à une retraite prématurée.

J'ai enchaîné avec « Je serai seule après minuit », une comédie amusante réalisée par Jacques de Baroncelli.

Si, dans ce film, vous êtes tête d'affiche, votre emploi s'est quelque peu diversifié par la suite...

Je n'ai jamais été une grosse vedette, simplement une actrice dont on recherchait, de temps à autre, les services. Je me suis d'ailleurs davantage donnée au théâtre et, en particulier, à la Comédie-Française.

En fait, tout dépendait de la nature des propositions : dans le film de Claude Orval, « Nadia, la femme traquée », j'étais l'héroïne, alors que dans « Les petites alliées », j'avais le second rôle féminin, derrière Madeleine Renaud.

Puis, au fur et à mesure que les années ont passé, j'ai aimé participer, aux côtés de Louis Jouvet, à « Miquette et sa mère », sous la direction efficace de Clouzot, et à « La jument verte », sous celle non moins chevronnée de Claude Autant-Lara.

Et « Le chasseur de chez Maxim's » ?

Karl Anton, même s'il ne parlait pas beaucoup, sinon avec un accent très prononcé, savait se faire respecter sur un plateau. Félicien Tramel, le « chasseur qui veut marier sa fille », était un grand ami, et Marguerite Moreno, une bonne camarade. Tragédienne de formation, elle avait connu le succès sur le tard et, étrangement, en jouant des rôles comiques. Le texte, subtil et drôle, était d'Yves Mirande, l'auteur à succès de nombreuses pièces représentées au Palais-Royal.

Parmi vos meilleurs souvenirs de complicité...

Partenaires dans « Jim la houlette », nous étions, Fernandel et moi, d'excellents copains. Mais le plus adorable de tous fut, sans doute, Bourvil. A plusieurs reprises – « Miquette et sa mère », « Le rosier de Madame Husson » et « La jument verte » – nous nous sommes retrouvés. En plus de ses qualités de comédien il était, humainement parlant, très chaleureux.

Avant-guerre, vous aviez aussi donné la réplique à Victor Boucher...

En scène, il prodiguait une force magnétique assez étrange sur le public. Comme un hypnotiseur, il ramenait tous les regards sur lui. A l'écran, ce phénomène paraissait moins, bien qu'il y ait fait aussi une carrière intéressante.

Vous avez été la partenaire de Raimu au moment où il était à la Comédie-Française...

J'ai eu le plaisir de jouer, avec Raimu, dans « Le bourgeois gentilhomme », le rôle de Nicole, et dans « Le malade imaginaire », celui de Toinette.

Ce très grand acteur était d'un rigorisme absolu. Sévère, il aimait que l'on respecte les horaires... néanmoins il savait se montrer extrêmement correct avec ceux, bien sûr, qui travaillaient. Au Théâtre des Variétés, il avait pris l'habitude d'étudier chaque nouvelle pièce durant plusieurs semaines.

Au Français, trois-quatre répétitions étaient jugées suffisantes (réaction normale pour des acteurs rompus à ce répertoire...). Raimu en exigea bien davantage, ce qui n'était pas du goût de tous les Sociétaires qui auraient préféré, pendant ce temps, partir plus longtemps en week-end !

On a dit qu'il était très intimidé par la Maison de Molière. Quelle a été votre impression ?

Absolument pas. Il était « nature », comme dans la vie.

Au cours du premier acte du « Malade imaginaire », nous avions une scène ensemble où le maître qu'il jouait se disputait avec la servante que j'étais. Et à l'arrivée de Louise Conte, il devait dire : « Oh ! ma mie, c'est une impertinente, elle m'a dit cent insolences ». Comme il n'avait pas une très bonne mémoire, il a été victime, en pleine représentation, d'un moment d'absence. Hésitant, cherchant ses mots, il ne se rappelait plus « impertinente » et, affolé, il a employé, en remplacement, un qualicatif typiquement méridional : « Bref, c'est une fadade » ! (ce qui signifie un peu folle, en jargon provençal). L'étonnement fut général. Louise Conte et moi, nous n'avons pas pu nous empêcher de rire avec le public. Cette réflexion qui semblait provenir d'une comédie de Pagnol, dont il était le fidèle interprète, tranchait d'une façon assez cocasse avec le répertoire de Molière.

Un autre jour, voyant arriver l'Administrateur du Français, il s'était esclaffé : « Tiens, voilà Monsieur le gérant » ! Apostrophe amusante, surtout lorsqu'on connaissait Monsieur Vaudoyer, homme très digne, drapé à son habitude dans une superbe écharpe...

Octobre 89

Madeleine RENAUD
Paris, 1900
Neuilly-sur-Seine, 1994

Cette grande comédienne de théâtre débute à l'écran en 1922. « Jean de la lune » (1931) et « La maternelle » (Jean Benoit-Lévy et Marie Epstein, 1933), films où elle tient la vedette, comptent parmi les succès du nouvel écran parlant.

Mais c'est sans doute dans « Le ciel est à vous », le film de Jean Grémillon, qu'elle trouve son plus beau rôle : aux heures douloureuses de l'Occupation, elle incarne une aviatrice, symbole de courage et de générosité.

Sur scène, elle a interprété, de 1922 à 1943, tous les grands rôles du répertoire de la Comédie-Française.

Sur le tournage du film « Hélène » (1936), elle rencontre Jean-Louis Barrault. Tous deux ont la passion du théâtre, ils fondent en 1946 leur propre compagnie et espacent progressivement leurs apparitions à l'écran.

Votre vocation était-elle d'être comédienne ?

C'était sûrement une vocation, mais je crois que les événements et le hasard de votre vie prennent, à un moment précis, une importance déterminante. En ce qui me concerne, voici comment tout a commencé : j'étais alors très jeune, environ quinze ans, lorsque j'eus l'occasion de réciter un poème intitulé « La brouette » (un texte charmant d'Edmond Rostand) devant Maurice de Féraudy, célèbre Sociétaire de la Comédie-Française. Gentiment, il est venu lui-même me complimenter : « C'était très bien, Mademoiselle, vous devriez faire du théâtre ». Avec aplomb, je lui répondis : « Que faut-il faire pour cela » ? Ma hardiesse l'a amusé : « Allez au Conservatoire et si vous obtenez un prix, vous pourrez ensuite entrer à la Comédie-Française ».

Vous a-t-il suivie par la suite ?

Disons plus précisément que j'ai écouté son conseil, ce qui m'a permis d'accéder au Théâtre-Français où, bien entendu, Maurice de Féraudy était présent. De lui, je garde le meilleur souvenir : c'était un grand Monsieur.

Comme jeune pensionnaire, je jouais alors les petits rôles que l'administrateur voulait bien me confier ; enfin le personnage d'Agnès, référence d'un début de carrière.

De quel milieu étiez-vous originaire ?

J'avais perdu mon père à l'âge de quatre ans et ma mère peinait pour nous élever, ma sœur et moi. Dès que j'eus compris la vie, je décidai de ne pas me laisser faire, du moins d'essayer de m'en sortir, afin de ne pas trimer comme elle...

Mon idée première était d'être journaliste ; interviewer des personnalités représentait à mes yeux d'adolescente un métier fascinant. J'avais écrit un petit conte à l'occasion d'un concours organisé par un journal provincial, « Le courrier de l'Oise ». Leur réponse fut positive, et je reçus un prix, plus une somme de cent francs (comme j'étais fière !). Malgré tout, la destinée fit que je n'eus pas à pratiquer mon « art » de journaliste.

En ce début de carrière, l'important, pour vous était-il d'appartenir au Français ou, tout simplement, de pouvoir jouer la comédie ?

Mon véritable bonheur était d'être sur scène et de me révéler pleinement face aux spectateurs. J'ajoute que je ne me rendais pas bien compte encore de la répercussion du Français. Si d'illustres Sociétaires souhaitaient voyager ou désiraient se reposer, je disposais ainsi de premiers rôles, alors qu'auparavant je m'étais simplement contentée d'être leur doublure. Cette progression m'a apporté le privilège de me mettre dans la peau de personnages magnifiques.

Vous êtes donc, à la base, une actrice classique ?

La Comédie-Française vous formait toujours de cette manière.

Et puisque vous me faites me pencher sur mon passé – si loin, hélas ! – je peux vous dire que j'ai rencontré Jean-Louis Barrault – mon compagnon – à la faveur d'un film de Jean Benoit-Lévy intitulé « Hélène ». Par la suite, nous avons joué ensemble au Français, néanmoins l'ambiance ne lui convenait pas et, d'un commun accord, nous avons décidé de partir. Comme j'avais déjà accompli vingt ans de carrière, j'étais en droit de demander ma mise à la retraite. « A quelque chose malheur est bon », cette décision nous a permis, peu de temps après, de fonder notre compagnie.

Avec Jean-Louis Barrault vous formez un couple uni. Travailler ensemble pose-t-il des problèmes ?

Que ce soit vis-à-vis de mon travail ou de ma vie privée, mon seul désir est d'être près de lui.

Quels souvenirs avez-vous d'« Hélène » ?

Ce film marque le commencement de notre amour. Nous l'avons tourné en plein été dans l'Isère, près de Grenoble, et dans ma lointaine mémoire, je garde le souvenir exquis d'une très belle scène ensoleillée où nous étions allongés dans les prés.

Jean Benoit-Lévy était un metteur en scène délicat avec lequel j'ai beaucoup aimé travailler. Auparavant, je lui devais l'un de mes plus beaux succès de cinéma, je veux parler de « La maternelle ». Cette œuvre s'est révélée déterminante pour la suite de ma carrière et m'a apporté, du même coup, une popularité fabuleuse. Mon rôle était pourtant très difficile à composer.

Celui de « Marie Chapdelaine » n'a-t-il pas été également important ?

Nous étions partis au Canada, afin de nous servir des décors naturels, de ces paysages absolument magnifiques. Je me souviens, en particulier, d'une journée entière passée à attendre la fin d'une prise de vue où nous étions, Jean-Pierre Aumont et moi, assis sur la banquise ! Ma mémoire conserve aussi les impressions d'une ravissante séquence de bal. Ce film fut le premier à obtenir le Grand Prix du Cinéma Français.

Quels ont été vos rapports avec Julien Duvivier ?

Metteur en scène de « Maria Chapdelaine », Duvivier savait se montrer ferme et énergique. Il considérait Jean Gabin comme son copain et, de ce fait, l'un et l'autre étaient toujours ensemble, nous tenant Jean-Pierre et moi, un peu à l'écart.

Duvivier avait un caractère plutôt difficile et sa nature le prédisposait à quelques mouvements d'humeur. Aussi était-il nécessaire de le prendre comme il était... Cependant cette « aigreur » ne facilitait guère les rapports ! Un jour, nous nous apprêtions à cadrer un plan rapproché pour les besoins d'une grande scène d'émotion : « Bon, c'est pas tout ça, me dit-il de son ton autoritaire, faites-moi pleurer maintenant ». Cette phrase si brutale, adressée au moment où j'avais justement besoin de toute ma concentration, ne pouvait évidemment provoquer en moi l'effet recherché. Au contraire, elle m'ôta toute émotion. Cet exemple vous montre bien sa manière assez sèche d'agir envers les comédiens.

Vous battiez-vous pour obtenir un rôle ?

Je vous avoue avoir toujours eu le bonheur que les propositions viennent d'elles-mêmes. Et si, à partir de 1943, j'ai plus ou moins stoppé ma carrière de cinéma, c'est sans doute que j'avais trop à faire au théâtre. Les rares fois où j'ai accepté de revenir à l'écran, il était nécessaire que le rôle me plaise véritablement.

En quoi consiste votre choix ?

En premier lieu, il s'effectue en fonction du metteur en scène ; le rôle proprement dit vient ensuite. Quant aux autres interprètes qui collaborent au tournage, le problème ne se pose pas : de manière générale, je m'entends avec tout le monde !

Pourquoi avoir privilégié, tout au long de votre carrière, le théâtre par rapport au cinéma ?

Les beaux rôles se sont présentés davantage au théâtre. Ce qui ne m'a pas empêchée d'accepter, à l'occasion, une proposition de cinéma. En effet si le cinéma a su m'offrir, de temps à autre, un personnage intéressant, je pense que devenir une grande star implique de ne s'occuper que de cela. Or, je ne pourrais abandonner la scène en ce sens où je préfère communiquer avec le public.

Cependant, après plusieurs années d'absence à l'écran, j'ai éprouvé un véritable coup de cœur pour le scénario du « Diable par la queue ».

Philippe de Broca m'avait proposé ce sujet où je prenais un visage volontiers malicieux, différent en tout cas des emplois que les producteurs m'avaient confiés jusqu'alors. Précédemment, j'interprétais la bonne épouse, la mère de famille héroïque, la femme sentimentale, à l'image de celle que m'offraient « L'étrange Monsieur Victor » ou « Remorques » de mon grand ami Jean Grémillon.

Quel portrait pourriez-vous tracer de lui ?

Voilà un homme que j'ai véritablement « adoré », un être avec lequel tourner devenait un plaisir. Lui savait vous comprendre, vous indiquer ce qu'il attendait, en fonction bien sûr, de ce qu'il percevait de votre sensibilité. A partir de 1937, il me demandait à chacun de ses films, et je n'ai pratiquement plus fait de cinéma qu'en sa compagnie par la suite. Je n'oublierai jamais le tournage de « Lumière d'été ». Attentif et prévenant, il lui arrivait de tout abandonner sur le plateau, dans le seul but de me raccompagner pour m'éviter les désagréments des transports. Ces simples gestes d'affection me touchaient profondément. Ses œuvres n'ont pas connu la notoriété qu'elles méritaient. Néanmoins « Lumière d'été » est resté dans l'esprit du public. Madeleine Robinson, dans un rôle très difficile, s'est montrée remarquable. Le texte était, il est vrai, de Jacques Prévert.

Quels comédiens avez-vous particulièrement aimés côtoyer ?

J'ai eu la chance d'avoir pour partenaire Pierre Blanchar, homme de théâtre aux multiples qualités. Notamment, au début du parlant, dans « La couturière de Lunéville », dont le tournage se déroula aux studios Paramount sous la direction d'Harry Lachman. J'ai éprouvé également une grande tendresse à l'égard de mes camarades du Français : Berthe Bovy, Léon Bernard, Féraudy...

Jean Gabin était-il d'une humeur difficile sur un plateau ?

Nous avons souvent joué ensemble : « Le tunnel », « Maria Chapdelaine », « Remorques » ; plus tard « Le plaisir », réalisé par Max Ophüls, d'après « La maison Tellier » de Guy de Maupassant. Je n'ai pas eu de problèmes avec lui ; au contraire, Gabin était un être de valeur.

Et Raimu ?

J'étais sa femme dans « L'étrange Monsieur Victor » où Pierre Blanchar, accusé à sa place, endossait les charges de son crime. Raimu faisait preuve d'un talent incontestable, de plus dans ses rapports avec toute l'équipe, il était la vie personnifiée.

Attachiez-vous de l'importance à la célébrité ?

Sans la provoquer, je ne m'en moquais pas non plus : je vivais, tout simplement. Lorsqu'il m'arrive d'être reconnue dans la rue, je trouve cette manifestation d'amitié très sympathique et si quelqu'un se donne la peine de venir me dire bonjour dans ma loge, je reçois ce geste comme une grosse récompense et un encouragement.

Février 87

Roger RICHEBÉ
Marseille, 1897
Paris, 1989

D'abord exploitant de salles, puis producteur-distributeur et cinéaste, ce Marseillais traverse près d'un demi-siècle de cinéma. Il a la chance de produire « Fanny » (1932), un énorme succès. Après son association avec Pierre Braunberger, puis avec Marcel Pagnol, il fonde seul les « Films Roger Richebé » et produit, de 1934 à 1960 : « L'habit vert » (1937), « La tradition de minuit », avec Viviane Romance, « Voyage sans espoir », « Gibier de potence » (1951), avec en tête d'affiche Arletty, « Austerlitz » d'Abel Gance...

Roger Richebé a lancé de nombreuses vedettes, les plus célèbres sont deux acteurs « avé l'accent » : Raimu (« Le blanc et le noir », « Mam'zelle Nitouche », « La petite chocolatière », « Minuit, place Pigalle »), et Fernandel (plusieurs courts-métrages de Marc Allégret).

Il a écrit un livre *Au-delà de l'écran : 70 ans de la vie d'un cinéaste*.

Dans vos mémoires, vous racontez avec force détails vos mésaventures avec Abel Gance.

Abel Gance était un personnage dangereux. Il savait se servir de sa figure d'ange pour se donner en spectacle.

Pourquoi dangereux ?

Gance bluffait très souvent et dans ses moindres paroles il mentait comme il respirait. Au moment du tournage d'« Austerlizt », j'ai pu à loisir le voir opérer : du début à la fin son travail était effarant ! Nous avons monté ensemble la moitié du scénario – si on peut appeler cela un scénario ! – et j'avais rempli, vis-à-vis de lui, mon contrat de metteur en scène. Les pages du script ont été numérotées afin de présenter quelque chose de cohérent (!) et j'ai pu apporter les 80 millions qui manquaient pour le terminer (il est revenu, environ, à un milliard deux cents millions de l'époque). Plus étonnante encore fut la réaction de la presse lors de sa sortie. En effet, je me suis aperçu que la jeune critique ne connaît absolument pas l'Histoire de France, ainsi n'a-t-elle pas discerné ses erreurs grossières.

A-t-il bien marché commercialement ?

Seulement un succès d'estime. Pourtant, il s'est passé un événement imprévu : l'un des représentants de la Fox est venu me voir pour en négocier l'achat – sans doute à cause de la séquence impressionnante de l'effondrement des glaces – afin de le projeter sur les écrans américains. Argent que j'ai moi-même encaissé, puisque je m'occupais personnellement de la Société Austerlitz, par la suite déclarée en faillite. Le budget s'était révélé considérable ; aujourd'hui, on ne serait plus capable de tourner un tel film, le coût en serait trop exorbitant.

Gance avait la particularité de savoir vendre sa salade et m'ayant entraîné dans cette affaire, il m'a eu, malgré le métier et le passé que j'avais.

Lui portiez-vous une certaine admiration en tant que metteur en scène ?

Je vous réponds un non catégorique et je vais vous dire pourquoi. Deux périodes se distinguent chez lui ; en premier lieu, celle créatrice, de « Mater dolorosa » et de « J'accuse », puis, suite à cette réputation, celle où il a commencé à se prendre pour un Dieu et à tourner « La roue », entraînant du même coup Charles Pathé dans son « Napoléon » – j'entends celui de 1926.

Je connaissais bien le « père Pathé » à l'avoir souvent rencontré à Monte Carlo. J'ai donc pu apprendre les dessous de l'affaire (il ne m'a pas tout dit cependant !) et je comprends parfaitement son soulagement lors de la vente du film à la M.G.M. Des bobines étaient entassées jusqu'au plafond sur trois pièces consécutives ! Vous comprenez, on ne peut pas raconter Gance : c'était un illuminé. Mais tout au long de ma carrière je me suis fâché avec bien d'autres gens. Lors de mes débuts dans la production – je suis monté à Paris en 1930 – je n'y connaissais absolument rien. C'est pourquoi on a honteusement profité de moi. Ignorant tout des coutumes et des protections d'auteurs, je suis venu à la bataille complètement désarmé, ce qui ne m'a pas empêché de mettre en œuvre de bons sujets.

Cette période correspondait aux balbutiements du parlant. Pensiez-vous qu'il s'agissait d'un progrès ?

Par la Fox, j'ai eu la possibilité de présenter, dans mon circuit de production, des actualités parlantes. Lorsque j'ai assisté la première fois à leur projection, je suis resté sur le derrière ! La séance terminée, je n'avais qu'une idée en tête : programmer du « parlant ». Aubert a traité en Amérique et nous avons sorti simultanément « Le chanteur de jazz », lui à Paris, moi à Marseille. Le résultat a été moyen, davantage un succès de curiosité. En revanche, « La route est belle », chanté par André Baugé, a véritablement cassé les recettes. Pensez le premier film parlant français sorti en

France ! Notre chiffre atteignait 250 000 francs par semaine, ce qui représentait un bénéfice énorme.

Mais pour beaucoup, le parlant était une injure. Un film génial devait être parlant sans l'être. A la rigueur pouvait-il être sonore et accompagné de quelques phrases : voilà la grande trouvaille !

Considérez-vous « Sous les toits de Paris » comme une date importante ?

René Clair avait accompli dans ce domaine un grand pas en avant et Albert Préjean était un acteur à la verve populaire très aimée du public.

Précision technique, je tiens à rappeler que « Le chanteur de jazz » était sonorisé par disques et non encore sur pellicule.

Cinquante ans après, « L'agonie des aigles » est-il un film que vous aimez ?

Vous touchez un point sensible puisqu'il s'agit de mon premier film en tant que metteur en scène. Avec le recul, je dois dire qu'il me plaît énormément. La première eut lieu à l'Opéra et la presse, à son habitude, en profita pour se déchaîner contre moi.

J'avais à ma disposition une extraordinaire distribution, mais Constant Rémy reste le meilleur comédien du lot.

Il est étonnant de voir au générique la signature de Marcel Pagnol, surtout pour un film historique...

Effectivement nous sommes davantage habitués à voir son nom inscrit dans l'univers provençal. Il a écrit ces dialogues au moment de notre séparation, aussi dois-je vous avouer que j'avais la hantise de me fâcher avec lui.

Depuis que j'avais produit « Fanny », je m'étais aperçu qu'il était le type d'homme à être constamment entre deux chaises : on se demandait à tout instant de quel côté il allait tomber. Ce qui ne nous a pas empêché de faire route trois ans ensemble. Lorsqu'il m'a proposé de nous séparer, j'ai sauté sur l'occasion.

Pour quelles raisons ?

Il voulait réaliser cinq films par an, et moi, un seul avec lui me suffisait largement. D'ailleurs, il a commencé à les produire et ce sont des navets que le public a heureusement oubliés : « Merlusse », « Cigalon »...

J'étais l'inventeur des « Films Marcel Pagnol » et c'est avec plaisir que je lui en ai cédé les parts ; de mon côté, j'ai fondé la « Société des Films Roger Richebé ».

Jusqu'à sa mort nous sommes restés de merveilleux amis et ceci, justement grâce à notre séparation. « Nous sommes tous deux des caractères », me dit-il un jour. Comme c'était vrai !

Parmi vos plus importantes productions des années trente, « L'habit vert » affiche un générique brillant. N'était-il pas, de ce fait, un film très coûteux ?

Il comportait surtout des vedettes de théâtre, et non de cinéma, d'où des cachets a priori plus raisonnables. Au niveau commercial, il a bien marché, et Elvire Popesco, bien entourée par Victor Boucher, André Lefaur, Meg Lemonnier et Jules Berry, était extraordinaire. Mais, à mon goût, il apparaît aujourd'hui trop composé, trop sophistiqué pour emporter totalement l'adhésion.

Comparativement à votre grande période d'activité, que pensez-vous du cinéma de ces dernières années ?

Je suis très sceptique sur ce qui nous est montré. Ces films-là ne représentent rien pour moi. Sexualité, violence, on est très étonné de voir la jeunesse actuelle, en fait elle se trouve d'abord sur l'écran !

L'écran influe-t-il sur la vie ou est-il le reflet de la vie ?

Incontestablement, il influe sur la vie. Nous-mêmes, nous l'avons vécu, nous ne pouvions pas nous permettre de raconter autre chose que ce que nous tournions. Et malgré des découpages plus ou moins élaborés, et nos efforts de mise en scène, le fond restait toujours identique : à chaque fois intervenait le bon côté.

Une certaine morale ?

Oui, et même si le mauvais côté existait, automatiquement le contrepoint se trouvait présent.

En premier lieu, nous produisions un film pour gagner de l'argent. Certes ! Mais si nous voulions le peaufiner, nous pouvions aussi le faire par plaisir. En un mot, pour qu'il soit bien construit, afin d'aller tous au même but : distraire, amuser, impressionner. Pourquoi ne plus décrire les choses naturelles de la vie ?

Comment situeriez-vous la scène de nu de votre film « Gibier de potence » par rapport aux « scènes osées » montrées actuellement ?

Là encore, faut-il se replacer dans une situation qui appelle le nu !

A l'époque, ce film a-t-il choqué ? Était-il interdit aux mineurs ?

Personne n'a fait de remarque ou, du moins, je ne m'en souviens pas. Par contre, il a dû être interdit. Or, on est allé tellement plus loin depuis !

Désormais qu'éprouvez-vous à la vision de l'un de vos films ?

Je les ai chez moi en 16 mm et, quelquefois, il me prend l'envie de me projeter « Monseigneur » ou « Gibier de potence ». A ce sujet, une question me préoccupe. Évidemment, j'ai tourné ces films il y a trente ou quarante ans, mais pourquoi ne feraient-ils pas encore la joie du spectateur d'aujourd'hui ? La télévision devrait se charger d'aider à mieux faire connaître certains films, au lieu de diffuser sans arrêt les mêmes inepties.

« Monseigneur » était un film sensé où, à travers une imagerie amusante, Bernard Blier a trouvé l'occasion d'une de ses meilleures prestations.

Le rôle de Fernand Ledoux n'est-il pas tout aussi pittoresque ?

Il s'en est fallu de peu pour que ce personnage soit interprété par un acteur de plus grande importance, je veux parler de Louis Jouvet.

Jouvet et moi, nous nous connaissions bien, et j'avais acheté ce projet spécialement pour lui. Ma date était arrêtée, mais au moment de le réaliser, Louis s'est trouvé engagé par ailleurs. Dommage, car il aurait apporté son extraordinaire personnalité et une certaine cadence dans sa diction qui me plaisait.

Cette définition pourrait aussi convenir à Arletty...

Arletty – depuis toujours – est une grande amie. Nous avons tourné deux films ensemble : « Madame Sans-Gêne » et « Gibier de potence ». Personne ne peut la remplacer.

Son rôle de « Madame Sans-Gêne » est sympathique alors que celui de « Gibier de potence » est plutôt antipathique. Une palette de dons aussi étendue n'est-elle pas rarissime ?

Le talent d'Arletty est immense. Son emploi dans « Gibier de potence » consistait à placer des hommes là où il faut, une entremetteuse, si vous préférez. Arletty « était » le personnage et le composait admirablement bien. Le contraire de « Madame Sans-Gêne », en quelque sorte. Mais il y a tout de même dix ans d'écart.

Vos films ont souvent été malmenés par la presse. Comment réagissiez-vous à ces attaques ?

C'est vrai ! Les journalistes de cinéma sont étranges ; j'en étais arrivé à dire, pour chacun de mes films : « Pourvu que les critiques soient mauvaises », le succès ainsi était assuré. Je me rappelle encore avoir proféré cette réflexion dans ma salle de projection. Mes collaborateurs me regardaient d'un air ébahi !

Quel est votre plus grand succès commercial ?

Sans aucun doute « Fanny ».

Avec votre expérience, comment définiriez-vous le métier de producteur ?

Actuellement le coût d'un film revient trop cher et s'il manque de qualités, c'est avant tout parce qu'il manque d'argent. La situation est devenue plus dure qu'elle ne l'était dans les années trente ou quarante. La comparaison n'est même plus possible.

Moi-même, j'ai abandonné cette profession à un moment où cela commençait à devenir extrêmement délicat. On n'a pas le droit de jouer sa vie, sa fortune, sa réputation sur un seul film. D'ailleurs ce ne sont plus dorénavant que combines et combinaisons avec d'autres pays, d'où cet effritement progressif des producteurs.

En existe-t-il seulement encore un tel que je l'étais moi-même ?

Septembre 81

Germaine ROUER

Paris, 1897
Paris, 1994

C'est le cinéma muet qui consacre cette illustre Sociétaire de la Comédie-Française (1933-1956), qui a fait sien le répertoire du drame et de la tragédie classique, après avoir été formée par Firmin Grémier : « Les vampires » (Louis Feuillade), « La terre » (André Antoine) puis « La flamme » (René Hervil) et « La glu » (Henri Fescourt) en font une grande vedette de l'écran.

Elle est alors la comédienne de mélodrame par excellence, prête au sacrifice, aux beaux élans du cœur…

Le parlant l'intéresse moins que le muet, elle s'en explique avec franchise ; elle tourne cependant « Roger la honte » (1932) avec Constant Rémy, « Les deux gosses », « La femme du bout du monde » (Jean Epstein, 1937), avec Charles Vanel, et « Liberté » (1937), une biographie de Bartholdi.

Sa dernière apparition à l'écran date de 1953 : « Si Versailles m'était conté » (Sacha Guitry).

Vous débutez votre carrière de cinéma dans « Les vampires » de Louis Feuillade.

Au départ, je n'avais qu'une seule phrase à dire : « Surtout ne mangez pas cela, c'est empoisonné » ! (je jouais une voyante). Feuillade me prit en amitié et mon rôle grandit en importance au fur et à mesure des épisodes. De voyante, je devins donc la concierge qui finalement épousait… un évêque !

Feuillade était, paraît-il, très autoritaire avec les acteurs…

Il était sévère, certes, mais sans être excessif.

Physiquement long et mince, Feuillade était d'une élégance un peu froide. « Ne viens jamais sur le plateau avec un parapluie, m'avait conseillé une amie, Feuillade va hurler après toi car il trouve que ça porte malheur… » !

Dès sa sortie, « Les vampires » fit grand bruit et Musidora obtint un triomphe en collant noir. Elle avait été très gentille avec moi, la petite débutante.

Vous tournez ensuite « La terre » d'André Antoine.

J'étais très émue de me retrouver sous la direction d'un personnage aussi prestigieux. Tout le monde le saluait avec déférence et dès la première minute où je l'ai vu – je ne savais pas alors qui il était – j'ai su par les regards et les attitudes des autres qu'il s'agissait de quelqu'un d'important… Directeur du Théâtre de l'Odéon, il m'avait même semblé bien plus considérable qu'un homme de cinéma comme Feuillade.

On susurrait que « La terre » serait un grand film. Une personnalité aussi forte que la sienne à sa tête l'auréolait déjà de prestige.

Comment Antoine dirigeait-il ses comédiens ?

Jovial et rond, Antoine était dans le travail tout le contraire de Feuillade. Malgré son apparence, il était assez brutal et secouait souvent les acteurs, les techniciens dont il avait la charge. Il m'a fait pleurer à plusieurs reprises :

« Ayez donc l'air d'une paysanne » ! me disait-il de sa voix forte. Le plus souvent j'étais complètement paniquée !

Berthe Bovy jouait la « vieille sorcière » et moi j'étais prise entre les assauts de René Alexandre et de Jean Hervé... « Débattez-vous avec plus d'énergie... » continuait de me crier Antoine. Tant et si bien qu'un jour j'ai mordu et griffé René Alexandre, le grand comédien du Théâtre-Français...

Ce qu'il faut surtout savoir sur ce film, c'est qu'il fut l'un des premiers – de cette importance – à être filmé en extérieurs, en pleine Beauce, et à présenter le monde paysan avec autant de vérité.

Le tournage fut très long et je me souviens d'interminables journées où nous devions attendre le soleil. La Société des Gens de Lettres – c'était l'adaptation du roman de Zola – produisait ce film et malgré son coût exorbitant rentra tout de même dans ses frais.

« La flamme » vous a ensuite sacrée grande vedette...

Charles Vanel, camarade de l'Odéon avec qui j'avais fait une tournée au Canada, m'avait téléphoné au sujet de ce film : « Il y a un rôle intéressant pour toi. Seulement, il faudra te vieillir ».

Ce rôle, il m'allait en fait comme un gant. Il y avait à développer un côté maternel que j'ai su exploiter. René Hervil, qui dirigeait le film, était un cinéaste aux manières et au langage un peu vifs mais terriblement sympathique dès qu'on le connaissait mieux. (Et puis, avec mon statut de vedette, je n'avais plus désormais de problèmes à ce niveau-là...).

Quel avait été votre cachet ?

J'ai touché 150 000 francs pour « La flamme » (un tournage d'un mois et demi), ce qui représentait une somme considérable. Le Film d'Art, une maison de production très importante de l'époque, m'a engagée à plusieurs reprises.

Deux ans plus tard, pour « La glu », j'ai obtenu 350 000 francs, mais pour un tournage de quatre mois.

Henri Fescourt était le metteur en scène de ce film.

Affable, bien élevé, Fescourt était toujours habillé avec recherche. D'une taille moyenne et assez mince, il était assez secret. Avec sa grande intelligence, il savait être patient avec tous ses collaborateurs, quels qu'ils soient.

« Vous savez fumer » ? m'avait-il demandé (je jouais une femme qui après avoir été brillante échoue de music-hall en music-hall). Dans la scène finale, j'eus bien du mal à tenir le révolver, ce qui faisait beaucoup rire Vanel...

En ce milieu des années vingt, le cinéma se prenait-il au sérieux ?

Pas du tout ! C'était l'amusement le plus total. Pendant le tournage de « La glu », c'était même la bohème complète. Le tournage fut très long, d'autant plus si je compare avec la vitesse de travail d'un homme comme Feuillade, à mes débuts. En plus des deux mois de studios nous sommes restés près de trois mois en extérieurs, à l'île d'Ouessant. Comme il n'y avait qu'un petit hôtel, nous étions logés chez l'habitant, des marins. Le cinéma, pour moi, a été de grandes vacances.

Votre emploi était plutôt dramatique.

J'étais en effet une « jeune première dramatique ». Il m'est arrivé de jouer des « garces » comme dans « La glu », les « méchantes » comme le rôle de Madame Marneff dans « La cousine Bette ». Mais je n'ai jamais joué de personnage comique, ce n'étais pas dans ma nature. J'exprimais souvent la souffrance, je faisais pleurer suivant le goût profond du public qui, alors, aimait bien s'émouvoir.

Comment composiez-vous vos personnages ?

A l'époque du muet, nous n'avions ni maquilleurs ni habilleuses. Nous étions libres quant à la silhouette du rôle à interpréter (avec l'accord du metteur en scène, bien entendu). Et cela d'autant plus si l'on était vedette, puisqu'on devenait ainsi entièrement responsable de son apparence physique à l'écran.

Douze ans après « La flamme », vous retrouvez Charles Vanel dans « La femme du bout du monde » de Jean Epstein...

Epstein ne voulait pas de moi... et nous n'avons pas toujours été d'accord. Je trouvais que mon personnage était trop bien habillé, j'aurais voulu pour jouer Anna, la femme de l'hôtel, avoir les cheveux épars, la robe déchirée... Ce film est désormais considéré comme un classique mais je ne peux pas dire y avoir été très à l'aise.

Vous avez fait moins de films parlants que de films muets...

Cela pour une raison bien simple : je préférais le cinéma muet car je n'aimais pas être tributaire d'un texte. On privilégiait les émotions à travers les mouvements du visage, les gestes qui, à mon sens, étaient plus véridiques à l'écran que des mots.

De plus, je me sentais libre et par exemple ce que j'ai apporté à Cléo, dans « La flamme », n'aurait pas été si intense si je l'avais fait dans les mêmes conditions au parlant. Je ressentais ainsi ce que je voulais dans ma tête...

Oui, c'est vrai, le parlant m'a un peu déconcertée.

Cela peut paraître paradoxal, alors que vous avez été Sociétaire de la Comédie-Française... !

Non, car lorsqu'au théâtre, au Français, un texte est appris, répété, on finit par l'oublier et on « est » le personnage.

Je suis entrée à la Comédie-Française en 1933, de pensionnaire je suis devenu Sociétaire jusqu'en 1956.

Quels ont été vos grands rôles ?

J'ai joué tous les classiques du répertoire : Racine, Corneille, Musset, Molière, Marivaux.

J'ai connu la grande période où Edouard Bourdet a relevé la Comédie-Française. Mon grand rôle était Bérénice. Mais j'ai joué aussi le répertoire moderne : « Asmodée » de François Mauriac mis en scène par François Copeau, « Les dieux ont soif » d'Anatole France, que j'ai pu rencontrer car il venait souvent aux répétitions, à l'Odéon.

L'ambiance du Français était soit disant difficile...

C'était la maison des Atrides... ! J'étais bien sûr très heureuse de jouer tous ces grands rôles – j'y ai joué tout ce que je pouvais jouer – mais je n'aimais pas l'atmosphère, souvent intenable.

Y avait-il trop de grands noms ?

Sans doute... Des clans se formaient et même si l'on se tenait un peu en dehors de tout cela, on pouvait être facilement décontenancé... J'étais même un peu perdue...

Mais il faut se faire accepter, ce qui est assez angoissant au début. Il y avait de très grands comédiens et nous représentions la France dans les tournées en Orient, en Amérique, dans le monde entier.

Marie Bell, Yvonne Gaudeau, Gisèle Casadesus étaient d'excellentes amies. Raimu aussi a été un temps au Français mais il ne s'y épanouissait pas. Voilà certes un endroit fabuleux mais où régnaient une discipline de fer et un manque total de libertés. Quoi qu'il en soit, par rapport à aujourd'hui, c'était tout de même la grande époque.

Septembre 90

René SYLVIANO
Mantes-la-Jolie, 1903
Paris, 1993

Compositeur de talent, René Sylviano s'illustre, à l'avènement du parlant, aux studios Paramount de Joinville. La musique de film prend alors toute sa dimension, point de départ d'une évolution qui, avec les années, ne cessera de se développer.

« Premier rendez-vous » (1941), interprété par Danielle Darrieux, demeure son succès le plus important, mais il faut aussi mentionner ses partitions de « Mon ami Victor » (1930), « Le chanteur inconnu », « Hôtel des étudiants » (1932), « Le fils improvisé », avec Fernand Gravey, « Les grands », « François 1er », avec Fernandel, « Narcisse » (1939), « Je suis avec toi » avec le couple Printemps-Fresnay, « La tentation de Barbizon » (1945), « Les aventures de Casanova », avec Georges Guétary...

C'est aussi l'occasion d'évoquer l'étroit lien qui unit le cinéma et les vedettes du music-hall (Tino Rossi, Charles Trénet...) au temps où la télévision n'existait pratiquement pas.

Quel est votre avis sur le passage du muet au parlant ?

Un progrès énorme s'était manifestement réalisé dans ce sens où nous passions des inter-titres au texte. C'était donc un véritable pas de géant d'entrepris. Musicalement, la nouvelle technique permit d'introduire un élément mélodique désormais soudé à l'action proprement dite.

Pourtant, un film muet ne l'était jamais totalement...

L'adaptation du chef d'orchestre était primordiale puisqu'il choisissait lui-même la musique accompagnatrice des images. Hélas, la partition n'était pas scindée au film mais indépendante, ainsi lorsqu'il se projetait dans une petite ville de province, le responsable musical y accolait autre chose, souvent, à cause d'un manque évident de moyens, de moins bonne qualité qu'à Paris. En outre, si ces adaptations symphoniques pouvaient être excellentes, d'autres, par contre, nuisaient à la qualité de l'œuvre.

Dès l'arrivée du sonore, la musique fut donc écrite spécifiquement en fonction de l'action, dans le but d'en souligner et d'en effectuer les effets.

Aujourd'hui nous sommes parvenus, je ne dirais pas à la perfection, mais à un point satisfaisant.

Au début du parlant, la mode était aux opérettes et aux films chantants.

Les producteurs se sont littéralement précipités là-dessus.

Ces scénarios, pour le moins légers, n'étaient pas toujours réalisés dans les meilleures conditions, d'où parfois un résultat assez peu honorable. Cependant certains divertissements, comme « Le congrès s'amuse », connurent un grand retentissement. En Allemagne, la UFA s'était mise à produire d'excellentes comédies musicales de ce style.

Vous avez travaillé aux studios Paramount de Joinville. Comment cela se passait-il ?

Nous enregistrions directement sur le plateau, ce qui était, d'une part, une technique préjudiciable à la qualité de l'enregistrement, et d'autre part, très onéreux. De plus, nous ne pouvions, en aucun cas, nous permettre de recommencer puisque nous synchronisions la musique en même temps que l'image, et par conséquent le texte.

Certes, Paramount était en avance sur les maisons de production concurrentes et disposait tout de même de moyens considérables, mais nous étions encore si loin du but recherché ! Ainsi le play-back n'a-t-il été utilisé – de façon courante – que bien plus tard.

Pour la Paramount, j'ai écrit la musique de nombreux films dont la vedette était Fernand Gravey. Acteur à la fois de théâtre et d'opérette, il apportait une bonne humeur communicative à ces divertissements fantaisistes très vite tournés. Il faut savoir qu'à cette époque, vers 1930-31, un film s'enchaînait à un autre avec une rapidité incroyable : trois semaines-un mois seulement, nous était accordé. Cette « usine de rêve » fonctionnait jour et nuit ; on employait donc en priorité des artistes au rendement efficace. Nous étions tous payés à la commande, suivant un horaire et un planning très stricts. Il fallait tourner à tout prix, ce qui entraînait, à courte échéance, un manque prévisible d'inspiration. De ce fait, les scénarios s'avéraient inconsistants, il faut bien le reconnaître ! Mais le studio devait distribuer de la marchandise et la devise de la société était « Produire avant tout ». Ces films de confection courante enregistraient d'importantes recettes, d'où des bénéfices non négligeables. Nous essayions à ce moment-là d'atteindre le niveau américain. En 1930, Hollywood avait acquis, en très peu de temps, dix ans d'avance sur nous.

Au cours des années trente, vous avez écrit la musique de la plupart des films français de Tourjansky.

Tourjansky était un bon metteur en scène qui savait se montrer d'une amabilité exemplaire dans le travail. J'ai composé, en 1932, la musique d'« Hôtel des étudiants », sur un sujet d'Henri Decoin, et l'année suivante, celle de « L'ordonnance » avec Marcelle Chantal. Lui au moins, s'intéressait à mes recherches mélodiques.

Vous accompagniez souvent de grands succès populaires...

« Narcisse » a rencontré, juste avant la guerre, un triomphe formidable. Rellys n'était pas une grosse vedette, mais il savait faire preuve d'un allant incontestable. Cette histoire farfelue a fait l'objet de nombreuses reprises.

Comment définiriez-vous votre métier ?

En résumé, le compositeur de musique de film doit illustrer l'image au mieux afin d'intensifier les émotions et parfois trouver un leitmotiv tout en supportant l'action. Mais en principe il souligne seulement le rythme et les sentiments : par exemple, créer un climat triste, romantique ou d'angoisse à des fins dramatiques.

La musique est-elle primordiale dans la réussite d'un film ?

A mon point de vue, sans aucun doute, encore faut-il qu'elle bénéficie des connaissances d'un bon compositeur. Si elle est mauvaise, elle contrarie l'action (d'autant plus, si elle inverse le propos de l'image !). La plupart du temps ce n'est qu'une musique d'ambiance et parfois, il lui arrive, suivant les sujets et les situations, de se faire remarquer. Elle peut aussi jouer un rôle bénéfique en participant au lancement commercial d'un film.

Je signale que nous exécutons notre travail après tout le monde, à moins que le metteur en scène ne privilégie la musique, et dans ce cas, on peut s'amuser à trouver un motif. Ce phénomène constitue une exception, car peu de scénaristes se préoccupent – ou se servent – de l'apport musical.

En définitive, notre rôle est d'aider le film ; du moins notre but tend-il toujours vers cette aspiration.

Et le bruitage ?

Un progrès considérable a été réalisé dans ce domaine. Au début du parlant, nous imitions un galop de cheval, une poursuite, un orage. La musique appuyait par gros effets certains gestes des personnages, par exemple s'ils tombaient. Que voulez-vous notre technique était peut-être imparfaite, mais il fallait bien débuter ! D'ailleurs, la règle est immuable : tous les départs s'avèrent difficiles. N'était-il pas déjà important de pouvoir apporter cette nouvelle vie à un film et d'en renforcer l'intérêt ? La vérité recherchée aujourd'hui, nous n'y pensions pas alors !

A mesure que la cinéma parlant s'installait, le muet devenait absolument impossible. Seuls les films de Charlie Chaplin – ses jeux de scène étaient si excellents qu'ils valaient bien le texte – survivaient à ce mépris commercial soudain. Mais tout le monde n'est pas Charlot.

Parlons des vedettes du spectacle des années trente. Grâce au film de Robert Florey « La route est belle », André Baugé a été très en vogue.

Des artistes de cette trempe, il n'en existe plus guère ! Malheureusement Baugé est mort trop tôt ; il n'a pas chanté, de ce fait, beaucoup d'opérettes. Dans un genre analogue, « Le chanteur inconnu » que j'ai orchestré en 1932 pour Lucien Muratore de l'Opéra de Paris, a bien marché commercialement, mais son succès ne fut pas aussi populaire. Baugé était meilleur comédien, sa voix était plus chaude, et lui, avait déjà un nom.

A la fin des années trente, Tino Rossi et Charles Trénet conjuguaient avec succès tours de chant et cinéma. Comment étaient-ils perçus par le public ?

Si Trénet est un chanteur, il est en même temps un créateur de talent, qui possède aussi une très belle voix. Physique, interprétation, création : il a tout pour lui. Par contre, Tino Rossi était seulement interprète, ce qui n'ôtait rien à la qualité de son répertoire. Évidemment, il n'était pas très bon acteur ! Malgré ce handicap, les spectateurs passaient outre, justement, à cause de la chaleur de ses intonations.

Vous avez écrit la musique d'un des plus grands succès de Fernandel : « François Ier ».

Venu du comique troupier, Fernandel chantait en priorité des refrains amusants mais, sur le plan musical, il n'était pas aussi intéressant que Baugé ou Trénet. Toutefois, dans son genre, il a fort bien réussi.

Avez-vous eu carte blanche pour travailler ?

Mes metteurs en scène me faisaient confiance et j'avais une entière liberté.

Comment je procède ? Je lis d'abord le scénario une première fois en totalité ; s'il m'inspire, je souligne les endroits déterminants où je pense pouvoir apporter quelque relief. L'ambiance est par conséquent créée. Cependant il ne faut pas oublier que chaque sujet doit supporter un dosage harmonieux entre l'écoute de la partition et celle du silence. Tous ne demandent pas forcément une musique continue. Aussi, sporadiquement, peut-elle renforcer par surprise l'action du récit.

Vous êtes-vous attaché à personnaliser chacune de vos musiques de film ?

Il faut que l'histoire permette au compositeur de se dégager suffisamment, ce qui arrive assez rarement. Vous pouvez, en revanche, reconnaître sa « facture ». Néanmoins il devra toujours avoir le bon sens de se placer au service de l'œuvre. A moins que ce ne soit une comédie musicale... Mais en France, le « musical » ne fait pas recette.

Quelles ont été vos grandes satisfactions professionnelles ?

Grâce à Danielle Darrieux – artiste délicieuse entre toutes – « Premier rendez-vous » a connu un triomphe fabuleux sous l'Occupation. Voilà un cas où une actrice de valeur vous apporte à la fois personnalité et talent. Je peux dire la même chose d'Yvonne Printemps et de son interprétation de « Mon rêve s'achève » dans le film d'Henri Decoin « Je suis avec toi ». Elle aussi vous défendait très heureusement et vous procurait de la sorte un plaisir artistique de tout premier ordre.

Parmi vos camarades-compositeurs, Georges Van Parys fut un musicien très apprécié...

Je ne peux vous en dire que du bien, Georges était un ami. Garçon intelligent et cultivé, il a montré un talent très sûr et a connu une belle carrière dans le domaine de la chanson et du film. Maurice Thiriet aussi, était un artiste, mais il ne possédait pas comme Van Parys l'atout de ses mélodies populaires. Je n'oublie pas non plus Jean Wiener, personnalité attachante dont les facultés d'improvisation, en particulier sur des dessins animés, étaient notoires. A la vérité, Jean nous manque terriblement...

Novembre 88

Denise TUAL
(Denise Piazza)
Paris, 1906

Fille d'éditeur, monteuse au cours des années trente, agent de Michèle Morgan juste avant la guerre, puis productrice, Denise Tual a su évoluer pendant plus de soixante ans à travers différents milieux artistiques, grâce à une vivante personnalité.

Elle fréquenta André Malraux, Igor Stravinski, Colette, André Gide, Pablo Picasso, Charles Dullin, Antonin Artaud, Olivier Messiaen...

Elle fut l'épouse de Pierre Batcheff, acteur à la sensibilité frémissante (« Un chien andalou », « Baroud »), puis de Roland Tual, producteur et réalisateur de tout premier plan (La Synops) : « Espoir », « Le pavillon brûle » (1941), « Le lit à colonnes », « Bonsoir Mesdames, bonsoir Messieurs » (1944).

Denise Tual a elle-même réalisé plusieurs films, dont « Ce siècle a cinquante ans », en 1949.

Ses livres de souvenirs témoignent d'une vie riche et bien remplie.

Comment se composait le cinéma des années 20 et 30 ?

Le cinéma se divisait en plusieurs clans, très fermés, où n'entrait pas qui voulait.

Celui de Marcel L'Herbier était peut-être le plus difficile d'accès. Au temps du muet, ses films abstraits lui avaient coûté beaucoup d'argent, c'est pourquoi il fut contraint par la suite de se commettre dans des longs métrages purement alimentaires. Autour de lui gravitaient, mis à part Marcelle Pradot, sa femme, et Jaque-Catelain, son ami de toujours, toute une effervescence d'esprits brillants.

Le clan René Clair, auquel j'appartenais, se rapprochait de l'esprit de Jacques Feyder (Clair lui portait une profonde admiration).

Il y avait enfin le clan Abel Gance que je n'ai pas fréquenté, mais mon premier mari, Pierre Batcheff, m'en avait beaucoup parlé puisqu'il a incarné Hoche dans son « Napoléon ». Gance était sûrement un « personnage », néanmoins je le considérais comme un mauvais metteur en scène.

Vous parlez de clans, se sentait-on directement impliqué par ces grands réalisateurs ?

La plupart des intellectuels étaient envoûtés d'une manière fort curieuse par certains d'entre eux, admiration qui pouvait déboucher sur des prises de positions assez violentes. Nous-mêmes, nous méprisions la majorité des films commerciaux, comme ceux de Colombier ou de Berthomieu.

Quelle fut votre position vis-à-vis des Avant-Gardistes ?

J'ai été très proche de leurs idées. Certes, en comparaison de ce qu'on a réalisé depuis, les audaces d'autrefois paraissent bien désuètes !

Mais n'oublions pas qu'en amenant le cinéma dans un domaine complètement inexploré, ils ont été perçus – et appréciés – comme créateurs d'un authentique phénomène artistique, je dirais même qu'il s'agissait d'une totale révélation.

En effet, les metteurs en scène d'alors n'étaient que des gens consciencieux, peu attirés par le goût de l'aventure et filmant avec soin les pièces à la mode de Bernstein ou de Bataille. Les Avant-Gardistes ouvrirent donc d'énormes possibilités. Rappelons que Claude Autant-Lara et René Clair ont commencé ainsi et je ne pense pas qu'ils auraient eu une carrière aussi riche s'il en avait été autrement.

Quelle est votre définition de l'Avant-Garde ?

Ce mouvement se composait essentiellement de créateurs que je pourrais qualifier de curieux, curieux de tout ce qui les entourait, du monde. Leurs pensées, parfois étranges, ont donné un véritable coup de poing à l'intérieur même du monde artistique.

Jean Vigo appartient-il, d'après vous, à ce courant novateur ?

Pas à mon sens, bien qu'il soit délicat de classer telle ou telle personne dans ce « groupe », sans faire appel à des références strictement personnelles.

L'Avant-Garde, pour moi, relève de l'inhabituel : elle doit provoquer un choc et entraîner un départ vers d'autres horizons. Ce n'est pas par hasard si la période des années 20-25 s'est montrée particulièrement riche dans des domaines aussi divers ; la musique, la peinture, la littérature liaient dans un même bain des esprits en fusion. La première du court-métrage de Luis Buñuel, « Un chien andalou », a été ressentie comme du jamais vu. Personne n'avait encore éprouvé cette sensation à une projection d'images animées.

Le montage a été votre première ouverture sur le monde cinématographique. Quelles leçons en avez-vous tirées ?

J'ai consacré dix ans de ma vie à cette tâche difficile et si je n'avais pas eu l'ambition de me lancer dans d'autres projets, j'y serais encore, car je considère cette profession comme véritablement passionnante, par rapport aux différentes possibilités qu'offre le Septième Art.

La production à laquelle, plus tard, je me suis attelée aux côtés de mon second mari, Roland Tual, s'apparente au baccara.

On dit le cinéma des années trente théâtral…

Au début du parlant, le théâtre et le cinéma étaient étroitement mêlés et le résultat était souvent peu convaincant, sinon ennuyeux. Un technicien, pourtant éminent, comme L'Herbier s'est contenté de filmer « L'épervier » et « La porte du large », alors qu'il avait mieux à faire.

J'ai conservé chez moi le scénario qu'il a écrit sur Debussy, un homme qu'il avait bien connu. Ce projet coûteux, personne ne s'est jamais risqué à le tourner.

Que pouvez-vous dire sur Pierre Batcheff, votre premier mari ?

Je trouve à la fois bizarre et injuste que Pierre soit gommé littéralement de toutes les encyclopédies de cinéma : il a tout de même été l'interprète du « Chien andalou »… Évidemment, il est mort très jeune (à vingt-cinq ans).

Buñuel, l'un des premiers, avait remarqué son extraordinaire sensibilité. Mais, naturellement doué, Pierre n'était pas seulement un intellectuel et, sans doute, s'il avait vécu, serait-il devenu un grand metteur en scène.

Sa grande beauté fascinait son entourage : les Prévert, Jean-Georges Auriol, et bien d'autres, étaient sous son charme. Il avait cependant contre lui cette émotivité maladive qui le poussait à ne vouloir faire de peine à quiconque. Aussi son caractère, trop subtil, lui apportait-il, toujours vis-à-vis du monde extérieur, d'évidentes déceptions. Il se droguait en cachette et je ne le savais pas… Son échec public à se refaire ensuite une santé, et mon incompréhension à son égard ont certainement provoqué sa fin. C'est une histoire douloureuse, pour moi et pour les autres, que je vous conte…

Marcel L'Herbier l'avait tout de suite reconnu parmi les siens. Leur côté esthète et raffiné les avait réunis. Sans être homosexuel, Pierre était un « homme féminin » ; un phénomène très particulier relatif à cette époque.

C'est à dire ?

Prenez Aragon, Dali, Eluard : tous étaient des hommes extrêmement féminins qui avaient pris l'habitude de se regarder dans une glace. Leurs attitudes, leurs comportements, sans avoir d'analogie avec l'homosexualité, plaisaient beaucoup à certaines femmes, plus fortes au point de vue caractère, et qui leur mettaient délibérément le grappin dessus. Elsa Triolet a de la sorte happé Aragon.

Ne retrouve-t-on pas la même chose aujourd'hui ?

Actuellement l'attirance passe davantage par la sexualité, ce qui est très différent.

Quelle est votre opinion sur les séducteurs des années trente ?

Que ce soit à l'écran ou dans la vie, Pierre Richard-Willm était suprêmement distingué. Henri Garat me faisait plutôt penser à un garçon de café. Quant à Charles Boyer, il incarnait le personnage typique de théâtre. Son action physique sur les femmes était intense ; il savait jouer de sa voix chaude et profonde, ce qui est, à mon sens, très important pour un homme. Si le cheptel masculin d'avant-guerre prêtait parfois à la critique, il faut convenir que la plupart dégageaient une certaine classe.

Quels ont été vos rapports avec le couple Françoise Rosay, Jacques Feyder ?

Ils sont toujours restés des amis très chers et j'ai pu suivre avec intérêt la seconde carrière de Françoise. Tous deux étaient pourvus d'une conscience professionnelle que j'ai rarement vue se manifester ailleurs, du moins d'une façon aussi marquée, bien loin en fait de cette espèce d'amateurisme qui fait foi aujourd'hui.

Racontez-nous votre amitié avec les Prévert.

Mon époque avec les Prévert pourrait me faire penser à un essaim d'abeilles. Nous formions tout un groupe d'amis et ne nous quittions plus ; eux-mêmes ont habité chez moi pendant des années, tant à la campagne qu'à Paris.

J'ai bien connu aussi Jean-Georges Auriol. Il avait fondé la Revue du Cinéma que j'ai reprise, avec le concours de Gallimard, en 1947.

Quelle a été l'odyssée d'« Espoir », le film de Malraux ?

« Espoir » est un superbe film qui, dans son genre, peut s'assimiler à un film d'amateur. Mais quel amateur était Malraux ! Il avait su conférer à son sujet une pulsation tout à fait originale. Cependant, il avait ramené des laboratoires espagnols plusieurs bobines rayées ; il manquait donc d'innombrables morceaux. Ce document a souffert également de son manque de connaissance du cinéma. En fait, il cultivait surtout sa passion de collectionneur et aimait acheter des copies rarissimes qu'il payait très cher. Je pense que lui-même aurait été intéressé par la production. En définitive, Malraux n'a réalisé qu'un seul film : « Espoir ».

Curieusement, il n'a pas aidé le cinéma, comme il aurait pu, lorsqu'il en avait les moyens. Qui peut l'aider d'ailleurs ?

Abordons votre expérience de productrice et de cinéaste avec Roland Tual.

« Le lit à colonnes » a reçu un accueil public chaleureux. Son tournage s'est déroulé en pleine Occupation et Roland l'a mis en scène et produit lui-même, assisté par une distribution prestigieuse (Jean Marais, Fernand Ledoux, Odette Joyeux, Valentine Tessier et Georges Marchal). Ensuite, il a récidivé avec « Bonsoir Mesdames, bonsoir Messieurs » qui racontait, d'une manière comique, les débuts de la radio. C'est désormais un document.

La pensée d'un cinéaste se traduit par un choix d'acteurs qui, à un moment bien précis, coïncide avec un sujet qui lui plaît. Or, après quinze ans, où vous avez entre-temps subi une guerre, trois révolutions, et des problèmes personnels, votre vision change obligatoirement ! D'où la certitude qu'un film ne peut que mal résister à l'épreuve du temps. La Cinémathèque est utile ; je serais de mauvaise foi de dire le contraire, mais le vieux cinéma ne saurait garder un intérêt que pour l'évocation historique d'une époque révolue.

Quelle est donc votre opinion sur le cinéma contemporain ?

A part, peut-être, au sein du montage, Jean-Luc Godard n'a vraiment rien inventé et ses films me procurent un ennui terrifiant. Il a établi, et établit toujours, ce qui est plus grave, une influence néfaste sur les jeunes. A tort tous s'imaginent maintenant qu'il suffit d'avoir une caméra entre les mains pour être metteur en scène. C'est tout à fait ridicule...

Mars 85

Charles VANEL
Rennes, 1892
Mouans Sartou, 1989

Charles Vanel, qui rêvait de devenir marin, remporte un de ses premiers grands succès, au cinéma muet, dans « Pêcheur d'Islande » (Jacques de Baroncelli, 1924). Au cours des années, le comédien a su, par son jeu basé sur une force intérieure peu commune, surmonter toutes les modes. Son nom est synonyme de qualité et sa seule présence au générique valorise même un film de moindre importance. Son talent, internationalement reconnu, s'est aussi bien illustré en France, qu'en Allemagne ou en Italie.

Il a été une personnalité d'une grande discrétion, mais toujours de premier plan.

Sa carrière, d'une surprenante longévité, ne peut qu'imposer respect et admiration : « L'âtre » (1922), « La maison du mystère », d'Alexandre Volkoff, « Les croix de bois », « Les Misérables » (1933), « Abus de confiance », « Le ciel est à vous », « La ferme du pendu » (1945), « Le salaire de la peur », de Clouzot, « La mort en ce jardin » (1956), « L'aîné des Ferchaux », « Sept morts sur ordonnance » (1975).

Charles Vanel s'est aussi essayé à la mise en scène, avec un réel talent (« Dans la nuit », 1929).

Au cœur du cinéma muet, en 1924, « Pêcheur d'Islande » a été considéré comme un événement. De plus, il fait date dans la filmographie de Jacques de Baroncelli.

La période que vous évoquez correspond à mes tout débuts à l'écran. A vous dire la vérité, je n'ai que peu apprécié « Pêcheur d'Islande ». Ce n'est pas que Baroncelli soit un mauvais metteur en scène, bien au contraire, mais je ne trouve pas l'atmosphère du livre correctement traduite.

Toujours à l'époque muette, vous êtes le partenaire d'un être de légende : Ivan Mosjoukine. Quelle impression avez-vous gardée de lui ?

A l'image de nombreux Russes blancs installés en France, Ivan Mosjoukine parlait avec difficulté notre langue, raison de son échec à se maintenir en haut des affiches lors de l'avènement du parlant.

Sur le tournage de « Tempêtes » nos rapports ont été excellents. Dans cette production Albatros de Sacha Kamenka – chez qui j'ai tourné également « La maison du mystère » réalisé l'année suivante par un autre Russe blanc, Alexandre Volkoff – mise en scène par Robert Boudrioz, nous étions rivaux. Je me souviens d'ailleurs d'une scène assez violente où nous luttions en un long corps à corps au-dessus d'une falaise. Je jouais alors le « vilain », le « méchant ».

A la veille du sonore, vous prêtez votre talent à l'une des figures les plus notoires de l'Histoire : Napoléon.

J'ai incarné ce personnage à deux reprises et, paradoxalement, à chaque fois, en Allemagne ! Le premier, « Waterloo », tourné en 1929 par Karl Grüne, présentait l'Empereur accablé par la défaite. Quant au deuxième film, je ne m'en souviens plus.

Par rapport aux autres acteurs de l'entre-deux guerres, vous vous situez comme un comédien sobre.

La plupart, en effet, avaient tendance à être, à mon goût, un peu trop théâtreux. En ce qui me concerne, je n'avais pas – du moins, je pense – un jeu outré. Par exemple, dans « Les affaires sont les affaires », que mon ami Jean Dréville a réalisé en 1942, je crois avoir été à la hauteur du personnage, sans trop en rajouter.

Étiez-vous à la recherche d'un certain naturel ?

Je ne « recherchais » rien de précis. Pourquoi « rechercher » quelque chose, j'étais moi-même, tout simplement.

Au cours de cette période, les producteurs ne se plaisaient-ils pas à vous cataloguer dans les compositions de maris trompés ?

Les rôles étaient ainsi. Régulièrement dans ce métier, les acteurs jouent des personnages en série. J'ai interprété « L'équipage » d'Anatole Litvak, « Vertige d'un soir » de Tourjansky et « Légions d'honneur » de Maurice Gleize, parmi beaucoup d'autres, calqués sur la même psychologie d'un caractère.

Gaby Morlay a été souvent votre partenaire, notamment dans « Maison de danses » et « Accusée levez-vous » de Maurice Tourneur. Quelles précisions pouvez-vous nous apporter sur sa personnalité ?

Les rares films diffusés par la télévision où elle est la vedette me procurent un grand bonheur. Gaby était à la fois une grande artiste et une femme de cœur. A plusieurs reprises, en effet, nous nous sommes donnés la réplique, en particulier dans « Vertige d'un soir » que j'affectionne tout spécialement. Sans doute sa présence, tour à tour vive et frêle, provoquait-elle un heureux contrepoint avec ma façon de jouer. C'est en tout cas ce qui plaisait aux spectateurs.

Ceux qui ont connu le milieu du cinéma d'avant-guerre évoquent avec nostalgie une « autre » ambiance. Quel est votre sentiment ?

Il existait entre camarades de la corporation une véritable amitié et une grande confiance, à mon avis déterminantes dans un métier aussi difficile que le nôtre. Quitte à passer pour rétrograde, je tiens à dire que je regrette cette époque ; elle était basée sur une réciprocité de rapports que je ne retrouve plus.

Parlons de vos différents metteurs en scène. En premier lieu, il est peut être logique de citer Jean Dréville qui vous a souvent choisi comme interprète.

Dréville est un cinéaste que je respecte profondément pour une raison majeure : il connaît son métier de A à Z. De plus, né perfectionniste, il soigne le moindre détail, ce qui correspond tout à fait à la direction dans laquelle je comprends notre profession. Nos caractères se soudaient parfaitement et nous avons fait, je crois, cinq films ensemble, dont « La ferme du pendu », drame paysan de premier ordre, entrepris tout de suite après la Libération. Incontestablement, Dréville appartient à la race des grands metteurs en scène et je ne comprends pas pourquoi il ne tourne plus. Il aurait eu tant de choses, encore, à nous faire partager.

Réalisé par Jean Grémillon, « Le ciel est à vous » a compté pour les Français de l'Occupation...

Raoul Ploquin s'est battu pendant un an pour donner le jour à ce film. Il a en effet beaucoup marqué les esprits et si nous y formions, Madeleine Renaud et moi, le « couple français idéal », symbole de la lutte et du courage face à l'occupant, nous étions également les moteurs d'un héroïsme quotidien qui plaçait ainsi nos personnages dans une optique populaire.

Jean Grémillon était un cinéaste talentueux qui savait parfaitement ce qu'il voulait. Depuis quelques années, il a droit enfin à la place qu'il mérite auprès des cinéphiles.

Henri-Georges Clouzot et son film « Le salaire de la peur » ont marqué aussi leur époque..

Considéré, à juste titre, comme un génie du Septième Art, Clouzot était un artiste de valeur et j'ai toujours énormément de plaisir à revoir ses œuvres. Notre entente, au départ, avait été difficile. Pourtant il n'a pas manqué de me redemander par la suite : le policier dans ce film noir surprenant qu'est « Les diaboliques », l'avocat de « La Vérité », et une figuration pour son dernier film, « La prisonnière ».

Pour ce qui est, plus précisément, du « Salaire de la peur », il s'agit certes, d'un bon film. Il vient d'être repris avec succès, ce qui ne m'étonne guère.

Comparativement, que pensez-vous d'un film moins connu comme « Le diable souffle » d'Edmond T. Gréville ?

Je n'ai pas l'impression que cette histoire ait laissé dans les esprits un souvenir impérissable. Il est très rare qu'un film, s'il ne rencontre pas de succès à sa sortie, soit redécouvert par la suite. Quelquefois, nous pouvons trouver ces oublis regrettables.

Réputé pour ses atmosphères prenantes, Pierre Chenal vous a dirigé dans « Rafles sur la ville »...

Je ne comprends pas pourquoi il n'a pas davantage travaillé, car Chenal est un authentique professionnel. La guerre lui a été fatale mais, à son retour, il aurait pu de nouveau conquérir les écrans... Bizarrement cette renaissance ne s'est pas produite et petit à petit il s'est arrêté, ce qui est bien dommage pour nous tous.

Avez-vous un bon souvenir de « Courrier sud », le film de Pierre Billon ?

Ce fut effectivement un tournage très attachant. Héroïne de cette histoire de Saint-Exupéry, Jany Holt est une actrice de talent avec laquelle j'ai eu plaisir à jouer.

Je retrouvais, pour la circonstance, Pierre Richard-Willm, jeune premier romantique qui bénéficiait d'une vogue exceptionnelle et trouvait là un très beau premier rôle. Deux ans plus tôt, il avait été le légionnaire tragique du « Grand jeu », film où nous étions dirigés par un grand Monsieur du cinéma : Jacques Feyder.

Récemment, la nouvelle de la mort de Pierre m'a profondément attristé.

Si vous avez été dirigé par les plus célèbres metteurs en scène, vous-même, vous vous êtes aussi placé derrière la caméra : une facette de votre carrière que peu de gens connaissent...

Je n'ai réalisé que deux films, l'un muet intitulé « Dans la nuit », en 1929, et l'autre, un court-métrage parlant, « Affaire classée », au tout début des années trente.

Mon travail de metteur en scène me plaisait et m'intéressait, car il demande une certaine minutie. De plus, la technique et l'écriture forçaient ma curiosité et incontestablement je trouvais cela plus complet que d'être simplement acteur. Avec la mise en scène, vous êtes seul à bord, c'est cela qui importe, alors qu'un comédien se voit trop souvent réduit à l'état de pion – quel que soit son rôle – sur un plateau.

Pourquoi ne pas avoir continué ?

Certes, j'ai regretté de ne pas avoir poursuivi dans cette voie. Mais cela nécessitait trop d'histoires avec trop de gens, m'entraînant dans des combinaisons auxquelles j'aurais aimé ne pas prendre part. Traiter des affaires ne relève pas de ma véritable nature. En général, je n'aime pas discuter, du moins de cette façon bien particulière.

Avez-vous recherché le vedettariat ?

Je m'en moquais éperdument ! La satisfaction de jouer et de bien faire mon métier était ma seule raison d'être. Vous avez ainsi deviné que, pour moi, devenir comédien représentait une véritable vocation. J'étais amené à respecter la saveur d'un texte, ce qui est certainement le plus grand bonheur d'un artiste.

Vous avez la réputation de faire des blagues !

De temps en temps, il faut aussi savoir se distraire. Si je me permettais parfois quelques farces, c'était de toute façon, très sérieusement !

Pour qui gardez-vous, avec les années, votre admiration ?

Si je distingue théâtre et cinéma, je vous citerai, dans le premier cas, Lucien Guitry, le père de Sacha, qui était un « Monsieur » d'une classe et d'une humanité dont ma mémoire n'a jamais perdu l'intensité. Au cinéma, je porte une nette préférence à l'égard d'Harry Baur, mon partenaire dans le film de Raymond Bernard, « Les Misérables ». Dans cette œuvre où il a si admirablement personnifié Jean Valjean – et dans bien d'autres – je trouve qu'il savait se mouvoir naturellement, bien davantage à mon sens que Raimu, autre monstre sacré célèbre.

Parallèlement à ce métier, quels sont les autres arts qui vous touchent ?

Je suis très réceptif à la peinture, surtout celle des vieux Maîtres. Par contre, je n'aime pas la musique classique, je dirais même qu'elle m'ennuie profondément.

Si un jeune acteur vient vous voir, vous qui avez connu toute l'Histoire du Cinéma, que lui conseillez-vous ?

Le plus sage conseil que je pourrais lui donner est qu'il cherche un autre emploi le plus vite possible. Notre profession, si belle soit-elle, peut se montrer impitoyable, ainsi entraîne-t-elle un nombre incalculable de crève-la-faim. Car en fait, combien existe-t-il de comédiens ? Et en comparaison combien travaillent réellement ? Le pourcentage est infime, d'où un chômage considérable. C'est pourquoi il ne faut pas se leurrer, une poignée d'acteurs seulement, réussissent à ne pas sombrer. Et si le talent, ou le succès, ont leur importance, la chance a le dernier mot.

Vous avez su évoluer à travers soixante ans de carrière. Quel est votre secret ?

Je ne peux vous répondre qu'une chose : le public est seul juge ; c'est lui qui, toute ma vie, m'a parrainé et qui, de ce fait, a influencé ma destinée. Afin de se renouveler, et pour ne pas être prisonnier de quelque stéréotype, il est bien cependant, qu'un acteur ait plusieurs cordes à son arc.

Quelles sont, à votre avis, les carences de notre cinéma moderne ?

La plus grave vient du fait que le nombre des metteurs en scène, et aussi des scénaristes – je parle des personnes de qualité – se rétrécit continuellement. Les frères Prévert, Henri Jeanson, Albert Valentin furent de réels auteurs au service de l'image. Ils savaient écrire des dialogues en fonction d'un sujet et des acteurs qu'ils avaient à leur disposition. Dorénavant, ce ne sont que des petites histoires sans grand intérêt, mettant uniquement en relief les états d'âme de quelques intellectuels...

Mars 82

Jean WEBER
Paris, 1906
Paris, 1995

En 1929, Jean Weber est, aux côtés de Marcelle Chantal, l'interprète de l'un des premiers films parlants, « Le collier de la Reine », réalisé par Gaston Ravel et Tony Lekain.

Quelques mois plus tard, « L'Aiglon » en fait une vedette, suivi du « Monsieur de minuit » (Harry Lachman, 1931), d'« Un coup de téléphone » (Georges Lacombe), d'« Occupe-toi d'Amélie » (1932), de « La Tour de Nesle » (1937).

Sa création du Duc de Reichstadt sur les planches, en France, en Europe, et sa carrière à la Comédie-Française prennent le pas sur le cinéma.

On le retrouve néanmoins ferraillant avec Fernand Gravey dans « Le Capitaine Fracasse » (Abel Gance, 1942) et sous la direction de Sacha Guitry dans plusieurs personnages à costumes.

Ses souvenirs, très présents dans sa mémoire, nous sont contés avec ce sens aristocratique, si particulier aux Comédiens-Français, que le Septième Art a recherché, lors de ses balbutiements.

Vos débuts à l'écran coïncident avec ceux du parlant.

Parallèlement à mon activité à la Comédie-Française, où je suis le premier à avoir créé « Chérubin », le personnage de Beaumarchais, Gaston Ravel qui, précédemment, avait mis en scène un admirable « Madame Récamier » avec Marie Bell, ma partenaire du Français, a l'idée d'un scénario intitulé « Figaro ». Celui-ci s'inspirait à la fois du « Barbier de Séville », du « Mariage de Figaro » et d'une troisième œuvre, très peu représentée, « La mère coupable ».

Un cinéaste comme Gaston Ravel travaillait avec un luxe et une munificence incomparables. Les encriers, les meubles, le moindre détail étaient d'époque ; quant aux costumes, c'était une merveille !

Un an se passe et toujours en muet, nous commençons le tournage du « Collier de la Reine ». Cependant, nous présagions qu'au moment où ce film serait projeté, c'est-à-dire quatre ou cinq mois plus tard, le parlant serait, entretemps, installé sur les écrans. En effet, à peine avions-nous terminé les ultimes prises de vue, que Gaston Ravel nous apprend la confection urgente de trois nouvelles scènes parlantes. Voilà donc pourquoi, quelques semaines plus tard, ce film d'abord muet est sorti partiellement dialogué.

« L'Aiglon » fut, en 1931, l'un des grands succès du nouvel écran parlant.

Le texte d'Edmond Rostand, extrêmement arrangé pour la circonstance, devait subir de nombreuses coupures. Il s'agissait pourtant de ne pas faire de la bouillie, mais de respecter et d'adapter une œuvre en vers. L'idée fut un peu critiquée, elle était effectivement plutôt singulière, alors que la technique du parlant était très fragile.

Les difficultés techniques étaient légions : il fallait rester sous le micro, alors nullement panoramique, et de la sorte bien des syllabes, à cause de trois centimètres de décalage, étaient perdues. Tourjansky, notre metteur en scène, était russe ; il parlait admirablement l'allemand, mais presque pas le français, handicap très gênant qui, heureusement, trouvait un débouché puisque nous tournions deux versions : une française, en vers, une allemande, en prose. A sa sortie, le film connut un certain succès ; de temps en temps, on le redonne à la Cinémathèque. Moi, je n'ai pas voulu le revoir, car je ne suis pas du tout rétro. Et comme j'ai joué « L'Aiglon » pendant 25 ans, à travers différentes scènes d'Europe, je sais maintenant quelles améliorations auraient été nécessaires.

Que pensez-vous de l'interprétation de Victor Francen ?

Francen composa un admirable Flambeau. Évidemment, il l'a psalmodié avec cette voix très en place qui le caractérisait (il avait aussi à son actif un répertoire moderne, ayant été le remarquable interprète de Bernstein et de plusieurs pièces de boulevard). Je ne sais pas s'il aurait eu ce ton-là sur scène, car le rôle avait été fort allégé. Le film ne pouvait pas avoir la même ampleur que la pièce de Rostand dont la durée, exceptionnelle, est de trois heures dix. Les coupures n'ont pas été outrageantes, néanmoins bien des gens ont regretté plusieurs tirades célèbres, surtout celles de Flambeau. Sa mort était si émouvante...

Victor et moi, nous étions très amis et il faut savoir que dans la vie comme sur scène, il faisait preuve d'une grande distinction. Parmi ses péchés mignons, un en particulier, m'amusait : la gastronomie.

N'a-t-il pas souvent fait l'objet de critiques ?

Je connais bien sa carrière et c'est pourquoi j'insiste sur le bien que j'ai à en dire, car je sais aussi tout le mal que l'on « peut » vous dire : ce côté chantant, conventionnel... N'oublions pas, pourtant, que bien des rôles ont été écrits spécialement pour lui.

Si Francen a été critiqué, il a aussi été imité. Or, à ce prix-là, je trouve que l'on se montrait bien indulgent envers d'autres vedettes qui, par leur bêtise, étaient insupportables et je mets le doigt sur un élément singulier : on peut être un grand acteur en même temps qu'un parfait imbécile !

« L'Aiglon » présentait deux risques, celui du parlant auquel s'ajoutait la difficulté du texte en vers.

Il fallait trouver un ton, un rythme. Puisque la Comédie-Française m'avait assoupli par les Hamlet, les Cid et tout le répertoire de Musset, j'avais dans ma panoplie tant de personnages que je pouvais cueillir quelque chose qui m'a servi et qui aurait pu servir à n'importe qui d'autre. Le public a ressenti ce film chaleureusement et, immédiatement, les directeurs de théâtre m'ont demandé de le jouer sur scène.

Au début du parlant, la sortie de « L'Aiglon » n'a-t-elle pas amené la critique au centre du problème : le théâtre ou le cinéma, le théâtre et le cinéma ?

Étant donné la jeunesse de l'événement, il ne s'agissait pas de prendre parti. La nouveauté pour le spectateur était que « L'Aiglon » soit réalisé en vers, plus exactement qu'une œuvre théâtrale soit portée au parlant. J'entends encore dire : « Voyez que le cinéma parlant permet toutes libertés et qu'il a raison d'être parlant ». Si on le faisait maintenant, dans ces conditions-là, je pense qu'on sourirait. Mais, à la naissance des choses, soufflait un vent d'indulgence. Encore que le parlant soit arrivé à pas très feutrés. Plusieurs journalistes écrivaient alors : « Le parlant ne sera ni du cinéma ni du théâtre, qu'est-ce donc que cette mise en conserve » ? Toutefois, cette « carte postale animée » si critiquée a bien fini par être acceptée.

La voix prenait tout à coup une importance considérable...

Le public s'est demandé : « Garbo pourra-t-elle parler ? », « Quelle est la voix de la Divine ? » On pressentait seulement que ses intonations étaient graves. Or, la voix grave est apparue en France tardivement. Dans ma jeunesse, les dames avaient la voix haute ; avec grande distinction, Marie Bell en jouait merveilleusement. Une telle faculté lui permettait d'interpréter admirablement une pièce aussi charmante que « Primerose ». A son sujet, ma mère l'appelait si justement « La jeune fille de France ».

Et Marcelle Chantal ?

En plus de sa très jolie voix, Marcelle était la femme la plus ravissante qu'on ait jamais vue. Elle était l'épouse de Jefferson-Cohn qui, lui, était moins charmant. Néanmoins, il possédait quelques centaines de millions... Il avait commandité « Le collier de la Reine » et je vais parler un peu à contre-sens, car il m'aimait bien. En effet, je le respectais pour le simple fait qu'il ait mis tant d'argent dans une œuvre historique dont la portée lui échappait totalement !

La Comtesse de la Motte était le premier rôle de Marcelle Jefferson-Cohn, qui s'est appelée ensuite Marcelle Chantal. Son succès a été très vif, mais après la guerre, je n'ai presque plus entendu parler d'elle, ceci pour un motif impérieux : sa santé ne le permettait pas. Marcelle n'a d'ailleurs jamais été en bonne santé. Je crois bien qu'elle était tuberculeuse. A ce propos, j'avais entendu des bruits concernant le grain de peau, un grain de peau particulier attribué à l'époque aux tuberculeux : une sorte de petit duvet faisait une ombre invisible à l'œil. Les maquilleurs s'interrogeaient : « D'où vient cette projection grise apparente uniquement à l'écran » ? Je pense que son visage a été déduveté pour le rendre blanc, vous savez cet admirable visage pâle, distingué comme il n'est pas possible.

Huguette Duflos a été également une grande Dame du cinéma des années vingt et trente. L'avez-vous bien connue ?

Nous avons souvent joué ensemble à la Comédie-Française. Huguette était une femme adorable, très femme-enfant, suivant l'expression à la mode un certain moment, très jolie aussi, mais si jolie qu'on exigeait d'elle un talent supérieur au sien.

Autour d'elle existait évidemment beaucoup de jalousie, cependant elle ne devait rien à personne. Elle bénéficiait d'une situation énorme à l'écran, une plus modeste au

Français, à cause de l'emploi ; en effet, elle n'avait pas à sa disposition les rôles « cabochons » qui font une carrière.

En revanche, Jaque-Catelain a subi quelques revers à cause du parlant...

Oui, et c'est assez curieux car j'ai joué la comédie sur scène avec lui, il était très possible. Son succès est lié à Marcel L'Herbier, une grande personnalité du cinéma français et un esprit raffiné, dilettante au sens où il pouvait en avoir un au XVIIIe siècle.

Madeleine Renaud a été également votre partenaire au Français...

En particulier pour « Romanesque » où Charles Granval, son mari d'alors, assurait la mise en scène. La représentation d'« A quoi rêvent les jeunes filles », avec Marie Bell et Madeleine, bénéficiait de l'adaptation de Granval, des décors de Marie-Laure Ansin, de la musique de César Franck et de Fauré. Voyez le haut niveau de l'ensemble. Et, couronnant le tout, la voix de ces deux créatures.

Et Arlette Marchal ?

Arlette revenait d'Hollywood au moment du tournage du « Collier de la Reine ». Cette expérience avait, à nos yeux, une grande importance et elle savait nous en parler avec un charme fascinant. Il émanait d'elle une grande distinction, nécessaire d'ailleurs à cette époque ; même chez les hommes.

Parlons de votre amitié avec Sacha Guitry.

Je ne l'ai pas côtoyé uniquement comme acteur, puisque j'étais aussi chargé de toutes ses ventes aux enchères.

Tout le mal qui a été dit de Sacha est vrai, tout le bien qu'il fallait en dire n'a jamais été mentionné. Ce côté « moi moi » est exact. Mais quand on s'appelle Sacha Guitry, cela vaut le coup ! N'était-il pas un professionnel absolu ? D'autre part, je l'ai apprécié aussi comme illusionniste, notamment à l'occasion d'une pièce écrite pour Yvonne notamment à l'occasion d'une pièce écrite pour Yvonne Printemps, intitulée tout naturellement « Illusionniste ». Sa correspondance était en rapport avec son extraordinaire personnalité (Jean Weber me montre quelques lettres de Guitry) ; à ses intimes, il écrivait toujours au crayon rouge.

Avez-vous une anecdote particulière sur Pierre Fresnay ?

Pierre Fresnay a eu le plus beau visage du monde, la voix que vous connaissez, qui lui a servi pour incarner « Perdican » ou « Fortunio », et une diction parfaite. Lors d'une répétition dans le fond jardin, lieu où l'on attend son entrée en scène, Pierre se regarde dans une glace et près de moi s'interroge à voix haute : « Quand cesserai-je d'avoir cette gueule » ? Cette réflexion m'apparut comme fabuleusement déconcertante, alors qu'une grande partie de son succès était due, justement à ce physique.

Quel est votre plus beau souvenir de cinéma ?

« Le Capitaine Fracasse » d'Abel Gance ; je n'ai jamais vu un aussi grand artiste manipuler sa caméra, comme seul Raphaël devait utiliser sa palette. J'ai admiré sa façon de travailler à l'occasion de la mort du « Matamore », qui a demandé sept à huit heures de répétition. Gance avait commandé toutes les caméras disponibles afin de prendre cette scène sous différents angles. Ainsi avait-il à sa disposition plusieurs morts, phénomène analogue à son « Napoléon ». A volonté, j'ai donc pu observer le génie ; il déplaçait les choses, il revoyait, il voulait recommencer assis, debout, couché. Pendant ce temps-là, l'équipe entière protestait, moi j'étais tout à fait d'accord !

Était-il facile de tourner avec Fernand Gravey ?

Son horrible femme, Jeanne Renouardt, était son imprésario. D'une jalousie féroce, elle lui rendait la vie impossible. Fernand était d'un caractère faible et, de plus, il venait d'être malade. Un peu avant Fracasse, il s'était fait opérer de la vésicule biliaire, intervention qui ne se pratiquait pas encore fréquemment. Il s'en était remis, mais beaucoup de soins et de précautions lui étaient recommandés.

Les conditions imposées par Jeanne Renouardt sur le plateau étaient odieuses. Fernand avait droit à un jour de congé par semaine ; quel que soit le jour de la semaine, sans prévenir, il déclarait qu'il ne venait pas. Il bénéficiait aussi de deux jours supplémentaires par mois. A cause de ces contraintes inadmissibles, Abel Gance, qui était d'habitude l'homme le plus courtois du monde, a failli en venir aux mains avec Gravey.

La séquence du duel a été fort longue : les répétitions avaient duré plus d'un mois. Au cours d'un plan sur le double escalier, Fernand m'avait blessé à l'oreille. Presque rien, une égratignure. Immédiatement sa femme nous obligea à tout interrompre : elle appella un docteur et un huissier ! Cela a duré quatre heures.

Ce film a-t-il souffert des restrictions de l'Occupation ?

Nous étions en 1942 et entreprendre une production de l'ampleur de « Fracasse » était considéré comme une grande audace. Cette adaptation historique devait comprendre à l'origine deux époques ; en cours de route il a été décidé, sans doute à cause du budget jugé trop excessif, de la réduire à un long métrage d'environ une heure trente. La principale difficulté dont je me souviens fut que Gance eut toutes les peines du monde à se procurer les quarante chevaux nécessaires au tournage. Après « Le Capitaine Fracasse », il est resté douze ans sans travailler. Je crois qu'il préparait un « Christos » avec l'appui du Vatican.

Quels souvenirs avez-vous de « La Tour de Nesle » ?

Je garde de ce film une impression charmante, liée à la présence de « ma petite copine » de toujours, Tania Fédor qui, dans cette histoire, me fait assassiner. Figurez-vous que j'ai eu l'excellente idée de proposer au metteur en scène, Gaston Roudès, de jouer les deux frères. Si l'idée était bonne pour lui, elle l'était moins pour moi. En effet, me parlant à moi-même, cela m'obligeait à me maquiller quatre ou cinq fois dans la journée pour régler les raccords. Monté avec des moyens très modestes, ce film historique fut projeté à plusieurs reprises et on m'en parle encore. Robert Hossein, que j'ai rencontré avant-hier, s'en est toujours souvenu.

Septembre 91

FILMOGRAPHIES

Annabella

1926 Napoléon (Abel Gance)
1927 Maldonne (Jean Grémillon)
1929 Trois jeunes filles nues (Robert Boudrioz)
1930 Barcarolle d'amour (Carl Froelich, Henry Roussel)
La maison de la flèche (Henri Fescourt)
Deux fois vingt ans (Charles-Félix Tavano)
Romance à l'inconnue (René Barberis)
1931 Autour d'une enquête (Robert Siodmak)
Le million (René Clair)
Son altesse l'amour (Eric Schmidt, Robert Péguy)
Paris Méditerranée (Joe May)
Un soir de rafle (Carmine Gallone)
1932 Marie, légende hongroise (Paul Fejos)
14 juillet (René Clair)
Un fils d'Amérique (Carmine Gallone)
1933 La bataille (Nicolas Farkas)
Mademoiselle Josette, ma femme (André Berthomieu)
Gardez le sourire (Paul Fejos)
1934 Caravane (Erick Charrell)
Les nuits moscovites (Alexis Granowski)
1935 La bandéra (Julien Duvivier)
L'équipage (Anatole Litvak)
Variétés (Nicolas Farkas)
Veille d'armes (Marcel L'Herbier)
1936 Anne-Marie (Raymond Bernard)

	La baie du destin (*Wings of the morning,* Harold Schuster)
1937	Dîner au Ritz (*Dinner at the Ritz*, Harold Schuster)
	La citadelle du silence (Marcel L'Herbier)
	Sous la robe rouge (*Under the red robe*, Victor Sjöstrom)
1938	La baronne et son valet (*The baroness and the butler*, Walter Lang)
	Suez (Allan Dwan)
	Hôtel du Nord (Marcel Carné)
1939	Bridal suite (William Thiele)
1943	Tonight we raid Calais (John Brahm)
	Bombers moon (Charles Fuhr)
1946	13, rue Madeleine (Henry Hathaway)
1947	Éternel conflit (Georges Lampin)
1948	Dernier amour (Jean Stelli)
1949	L'homme qui revient de loin (Jean Castanier)
1950	Queima el suelo (Saenz de Heredia)
	Don Juan (Saenz de Heredia)
1985	Elisabeth (Pierre-Jean de San Bartholomé)

Jeanne Boitel

1931	L'Aiglon (Victor Tourjansky)
	Le petit écart (Reinhold Schunzel)
	Un soir au front (Alexandre Ryder)
	Une fameuse idée (René Barberis)
	Une nuit à l'hôtel (Léo Mittler)
	L'amoureuse aventure (Wilhelm Thiele)
	Un coup de téléphone (Georges Lacombe)
1932	Si tu veux (André Hugon)
	Ah ! quelle gare ! (René Guissart)
	Conduisez-moi, Madame (Herbert Selpin)
	Maurin des Maures (André Hugon)
1933	Chotard et Cie (Jean Renoir)
	Trois pour cent (Jean Dréville)

	Son autre amour (Constant Rémy)
	Le grillon du foyer (Robert Boudrioz)
	Casanova (René Barberis)
1934	Remous (Edmond T. Gréville)
	Famille nombreuse (André Hugon)
1935	Les dieux s'amusent (Reinhold Schunzel)
1936	Femmes (Bernard-Roland)
	Romarin (André Hugon)
1937	Les hommes de proie (Willy Rozier)
1938	Remontons les Champs-Elysées (Sacha Guitry)
	Ceux de demain (Adelqui Millar)
	Le mariage de Véréna (Jacques Daroy)
	Petite peste (Jean de Limur)
1939	Une main a frappé (Gaston Roudès)
1955	Marie-Antoinette (Jean Delannoy)
1957	Maigret tend un piège (Jean Delannoy)

André Cerf

Mises en scène

1929	La joie d'une heure
1931	Le médecin de service CM[1]
1935	Soirée de gala CM
	Une belle opération CM
1947	Si jeunesse savait
1948	La veuve et l'innocent
1949	Le portefeuille CM
	Fausse monnaie CM
1950	Le mariage de Mademoiselle Beulemans
1951	Le crime du bouif
1956	Hatha-Yoga CM
	Appartement à louer CM

1. CM : court métrage

Principaux films auxquels André Cerf a collaboré

1923	Le marchand de plaisirs (Jaque-Catelain) Acteur et Assistant
1924	La galerie des monstres (Jaque-Catelain) Ac et Ass
	L'inhumaine (Marcel L'Herbier) Ac
1925	Feu Mathias Pascal (Marcel L'Herbier) Ac
1926	Carmen (Jacques Feyder) Ac
	Nana (Jean Renoir) Ac
1927	Napoléon (Abel Gance) Ac
	Rien que les heures (Alberto Cavalcanti) Ass et Scénariste
	Charleston (Jean Renoir) Sc
	En rade (Alberto Cavalcanti) Ass
	Un chapeau de paille d'Italie (René Clair) Sc
1928	Tire au flanc (Jean Renoir) Ass, Adapt, Ac
	Le tournoi dans la cité (Jean Renoir) Ass
1929	Le Bled (Jean Renoir) Ass
	Le Petit Chaperon Rouge (Alberto Cavalcanti) Ac
1930	Sous les toits de Paris (René Clair) Sc
1931	A nous la liberté (René Clair) Sc
	Le parfum de la dame en noir (Marcel L'Herbier) Ass, Sc
1932	Le chien jaune (Jean Tarride) Ass
	14 juillet (René Clair) Sc
1934	Amok (Fédor Ozep) Ass
	Si j'étais le patron (Richard Pottier) Sc
1935	L'équipage (Anatole Litvak) Ass
1936	Le mioche (Léonide Moguy) Adapt
1937	Forfaiture (Marcel L'Herbier) Ass
	Hercule (Alexandre Esway) Ass
	La citadelle du silence (Marcel L'Herbier) Adapt
	Nuits de feu (Marcel L'Herbier) Ass
1938	Métropolitain (Mauride Cam) Sc et Dial
1939	Entente cordiale (Marcel L'Herbier) Ass
1940	Les surprises de la radio (Marcel Aboulker) Ass
1947	Les frères Bouquinquant (Louis Daquin) Adapt

	Le silence est d'or (René Clair) Sc
1948	Le signal rouge (Ernest Neubach) Dial
1952	Tourbillon (Alfred Rode) Dial
1955	French Cancan (Jean Renoir) Sc
	Trois de la Canebière (Maurice de Canonge) Adapt
	Les grandes manœuvres (René Clair) Sc
1960	Austerlizt (Abel Gance) Réal seconde équipe
1962	La salamandre d'or (Maurice Regamey) Sc Adapt Dial

Colette Darfeuil

1920	Les étrennes à travers les âges (Pierre Colombier)
1922	Le château historique (Henri Desfontaines)
1923	Le retour à la vie (Jacques Dorval)
	L'affaire du courrier de Lyon (Léon Poirier)
1925	Madame Putiphar (Max Mack)
	Quelqu'un dans l'ombre (Marcel Manchez)
	Mots croisés (Pierre Colombier)
	La justicière (Maurice Marsan, Maurice Gleize)
	L'homme des Baléares (André Hugon)
	La flamme (René Hervil)
1926	Sables (Dimitri Kirsanoff)
	L'homme en selle (*Der Mann im Sattel*, Manfred Noé)
	Les fiançailles rouges (Roger Lion)
1927	La roche d'amour (Max Carton)
	Le navire aveugle (Guarino Glavany)
1928	A quoi rêve une femme au printemps (*Was eine Frau im frühling traümt*, Kurt Blachnitzky)
	De sept heures à minuit (Pierre Weill)
	Paris-New York-Paris (Robert Péguy)
	Gros sur le cœur (Pierre Weill)
1929	Papoul (Marc Allégret)
	Voici dimanche (Pierre Weill)
	Eau, gaz à tous les étages (Roger Lion)
	Marius à Paris (Roger Lion)
	Sa maman (Charles Mourie de la Cotte)

L'éternelle idole (*Der Mann, der nicht liebt*, Guido Brignone)

1930 La bodega (Benito Perojo)

La fin du monde (Abel Gance)

1930 Cendrillon de Paris (Jean Hémard)

Tu m'oublieras (Henri Diamant-Berger)

Le procureur Hallers (Robert Wiene)

1931 Fils à papa (*Awlad el Zawat*, Mohamed Karim et Youssef Wahby)

Autour d'une enquête (Robert Siodmak)

Baroud (Rex Ingram)

Le rosier de Madame Husson (Bernard-Deschamps)

Pour un soir (Jean Godard)

Tropiques (Jean Godard, E.C. Paton)

1932 Y en a pas deux comme Angélique (Roger Lion)

Le lit conjugal (Roger Lion)

Colette et son mari (André Pellenc)

Une petite bonne sérieuse (Max Weisbach, Marguerite Viel)

L'âne de Buridan (Alexandre Ryder)

Un coup de téléphone (Georges Lacombe)

Monsieur de Pourceaugnac (Gaston Ravel, Tony Lekain)

Mirages de Paris (Fédor Ozep)

1933 Le truc du Brésilien (Alberto Cavalcanti)

Le béguin de la garnison (Pierre Weill et Robert Vernay)

Pour être aimé (Jacques Tourneur)

Le martyre de l'obèse (Pierre Chenal)

Ce cochon de Morin (Georges Lacombe)

Jacqueline fait du cinéma (Jacques Deyrmon)

Casanova (René Barberis)

La vierge du rocher (Georges Pallu)

1934 Tout pour l'amour (Joe May, H.G. Clouzot)

Si tu vois mon oncle (Gaston Schoukens)

L'espionne du palace (René Rufli, Gaston Jacquet)

J'épouserai mon mari (Pierre Weill, Maurice Labro)

Un bout d'essai (Walter Kapps, E. G. de Meyst)

Trois balles dans la peau (Roger Lion)
Cette nuit-là (Marc Sorkin, G. W. Pabst)
Nous marions Solange (Lucien Mayrargue)
Mon cœur t'appelle (Carmine Gallone et Serge Weber)
Feu Toupinel (Roger Capellani)
Les bleus de la marine (Maurice Cammage)
Le Roi des Champs-Elysées (Max Nosseck)
La maison dans la dune (Pierre Billon)
Mam'zelle Spahi (Max de Vaucorbeil)
Le chéri de sa concierge (Guarino-Glavany)

1935 Minuit Place Pigalle (Roger Richebé)
Escale (Louis Valray)
La caserne en folie (Maurice Cammage)
Le train d'amour (Pierre Weill)
Touche à tout (Jean Dréville)
Johnny haute couture (Serge de Poligny)
Et moi j'te dis qu'elle t'a fait d'l'œil (Jack Forrester)
Michel Strogoff (Richard Eichberg, Jacques de Baroncelli)
Bébé est un amour (M. Rugard)
Cinquième au d'ssus (Jacques Daroy)
Ça n'a pas d'importance (Gaston Vidie)
Le pigeon (Albert Riera)

1936 La petite dame du wagon-lit (Maurice Cammage)
Prête-moi ta femme (Maurice Cammage)
L'empreinte rouge (Maurice de Canonge)
Tout va très bien Madame la Marquise (Henry Wulschleger)
Trois dans un moulin (Pierre Weill)
La flamme (André Berthomieu)
L'école des journalistes (Christian-Jaque)
J'arrose mes galons (René Pujol et Jacques Darmont)
La chanson du souvenir (Douglas Sirk, Serge de Poligny)
Gigolette (Yvan Noé)
Une gueule en or (Pierre Colombier)
Prends la route (Jean Boyer et Louis Chavance)
La course à la vertu (Maurice Gleize)

1937	Tamara la complaisante (Félix Gandéra).
	Monsieur Bégonia (André Hugon)
	Franco de port (Dimitri Kirsanoff)
	La 13e enquête de l'inspecteur Grey (Pierre Maudru)
	La belle de Montparnasse (Maurice Cammage)
1938	Le patriote (Maurice Tourneur)
	Firmin, le muet de Saint-Pataclet (Jacques Severac)
	Prince de mon cœur (Jacques Daniel-Norman)
	L'avion de minuit (Dimitri Kirsanoff)
	Un soir à Marseille (Maurice de Canonge)
	Chéri-Bibi (Léon Mathot)
	Bossemans et Coppenolle (Gaston Schoukens)
1939	Sidi Brahim (Marc Didier)
	Cas de conscience (Walter Kapps)
	Quartier sans soleil (Dimitri Kirsanoff)
	L'amour se fait ainsi (*L'amore si fa cosi*, C.L. Bragaglia)
1940	Untel père et fils (Julien Duvivier)
1941	Le club des soupirants (Maurice Gleize)
1943	L'escalier sans fin (Georges Lacombe)
1945	Les malheurs de Sophie (Jacqueline Audry)
1948	Les souvenirs ne sont pas à vendre (Robert Hennion)
1949	Le furet (Raymond Leboursier)
	Les vagabonds du rêve (Charles-Félix Tavano)
	Menace de mort (Raymond Leboursier)
1950	Bibi Fricotin (Marcel Blistène)
	Cet âge est sans pitié (Marcel Blistène)
1951	Le costaud des Batignolles (Guy Lacourt)
1952	La fille au fouet (Jean Dréville)

Jean Dasté

1932	Zéro de conduite (Jean Vigo)
	Boudu sauvé des eaux (Jean Renoir)
1934	L'Atalante (Jean Vigo)
1935	Le crime de Monsieur Lange (Jean Renoir)

1936 La vie est à nous (Jean Renoir)
Sous les yeux d'Occident (Marc Allégret)
1937 La grande illusion (Jean Renoir)
Le temps des cerises (Jean-Paul le Chanois)
1941 Remorques (Jean Grémillon)
1942 Croisières sidérales (André Zwobada)
1943 Une étoile au soleil (André Zwobada)
Adieu Léonard (Pierre Prévert)
Picpus (Richard Pottier)
1944 La grande meute (Jean de Limur)
Le mystère Saint-Val (René Le Henaff)
1963 Muriel (Alain Resnais)
1965 Le ciel sur la tête (Yves Ciampi)
1966 La guerre est finie (Alain Resnais)
1968 Z (Costa Gavras)
1969 L'enfant sauvage (François Truffaut)
1972 Beau masque (Bernard Paul)
1975 Les jours gris (Iradj Azimi)
Peur sur la ville (Henri Verneuil)
1976 Le petit Marcel (Jacques Fansten)
1977 L'homme qui aimait les femmes (François Truffaut)
1978 La chambre verte (François Truffaut)
La tortue sur le dos (Luc Beraud)
Molière (Ariane Mnouchkine)
1979 Utopia (Iradj Azimi)
Rue du Pied de Grue (Jean-Jacques Grand-Jouan)
1980 Une semaine de vacances (Bertrand Tavernier)
Mon oncle d'Amérique (Alain Resnais)
1982 Un crime d'amour (Guy Gilles)
1983 Les îles (Iradj Azimi)
1984 L'amour à mort (Alain Resnais)
1987 Le moine et la sorcière (Suzanne Schiffman)
Nuit docile (Guy Gilles)
1989 Noce blanche (Jean-Claude Brisseau)
1991 Le radeau de la Méduse (Iradj Azimi)

Orane Demazis

1931	Marius (Alexandre Korda)
1932	Fanny (Marc Allégret)
1933	Les Misérables (Raymond Bernard)
1934	Angèle (Marcel Pagnol)
1936	César (Marcel Pagnol)
1937	Regain (Marcel Pagnol)
1938	Le schpountz (Marcel Pagnol)
	Le moulin dans le soleil (Marc Didier)
1939	Feu de paille (Jean Benoît-Lévy)
1942	Le mistral (Jacques Houssin)
1948	Bagarres (Henri Calef)
1952	La caraque blonde (Jacqueline Audry)
1956	Le cas du docteur Laurent (Jean-Paul Le Chanois)
1957	Jusqu'au dernier (Pierre Billon)
	Police judiciaire (Maurice de Canonge)
1973	Rude journée pour la Reine (René Allio)
1974	Le fantôme de la liberté (Luis Buñuel)
1975	Souvenirs d'en France (André Téchiné)
1980	Bastien Bastienne (Michel Andrieu)

Marie Epstein

Co-réalisatrice avec Jean Benoît-Lévy

1931	Le cœur de Paris
1933	La maternelle
1934	Itto
1936	Hélène
1937	La mort du cygne
1938	Altitude 3200
1939	Feu de paille

Comme actrice

1923 Cœur fidèle (Jean Epstein)

Comme scénariste

1925 L'affiche (Jean Epstein)
1926 Peau de pêche (Jean Benoît-Lévy)
1927 Six et demi onze (Jean Epstein)
1928 Ames d'enfants (Jean Benoît-Lévy)

Marie Glory

1925 Les dévoyés (Henri Vorins)
1927 Miss Helyett (Maurice Keroul)
La maison sans amour (Emilien Champetier)
1928 L'argent (Marcel L'Herbier)
1929 Monte-Cristo (Henri Fescourt)
Mon copain de papa (*Vater und Sohn*, Geza von Bolvary)
Mon béguin (Hans Behrendt)
1930 L'enfant de l'amour (Marcel L'Herbier)
Les deux mondes (E. A. Dupont)
Le roi de Paris (Léo Mittler)
Les chevaliers de la montagne (Mario Bonnard)
Lévy et Cie (André Hugon)
La folle aventure (Carl Froelich, André-Paul Antoine)
1931 Prisonnier de mon cœur (Jean Tarride)
Dactylo (Wilhelm Thiele)
L'amoureuse aventure (Wilhelm Thiele)
Tu seras duchesse (René Guissart)
1932 Mon cœur balance (René Guissart)
Monsieur, Madame et Bibi (Jean Boyer, Max Neufeld)
Madame ne veut pas d'enfants (Hans Steinhoff)
1933 Charlemagne (Pierre Colombier)

1934	Son altesse impériale (Victor Jansen, Jean-Bernard Derosne)
	Dactylo se maire (René Pujol, Joe May)
	Le paquebot Tenacity (Julien Duvivier)
	Le roi de Paris (*The king of Paris*, Jack Raymond)
	La femme idéale (André Berthomieu)
1936	Avec le sourire (Maurice Tourneur)
	Le mort en fuite (André Berthomieu)
	Les amants terribles (Marc Allégret)
1937	Le porte-veine (André Berthomieu)
	L'homme sans cœur (Léo Joannon)
1938	Les gens du voyage (Jacques Feyder)
	Terre de feu (Marcel L'Herbier)
1939	Une femme en péril (*Una moglie in pericoloso*, Max Neufeld)
	Dernier refuge (Jacques Constant) inachevé
1951	La folla (Silvio Laurenti)
1952	Adorables créatures (Christian-Jaque)
	La fugue de Monsieur Perle (Pierre Gaspard-Huit)
1953	Gli uomini, che mascalzoni (Glauco Pellegrini)
1956	Et Dieu créa la femme (Roger Vadim)
1957	Premier mai (Luis Saslavski)
	La chatte (Henri Decoin)
	Rafles sur la ville (Pierre Chenal)
1959	Ramuntcho (Pierre Schoendoerffer)
	La chatte sort ses griffes (Henri Decoin)

Claude Heymann

Mises en scène

1931	L'amour à l'américaine
1932	L'amour en vitesse (co-réal Johannes Guter)
	A moi le jour, à toi la nuit (Ludwig Berger) Version française
1933	Idylle au Caire (co-réal Reinhold Schünzel)
1935	Jeunesse d'abord (co-réal Jean Stelli)
1936	Les jumeaux de Brighton

1937	L'île des veuves
1940	Paris-New York (co-réal Yves Mirande)
1950	La belle image
1951	Anatole chéri
	Victor
	Magazine de Paris CM
1952	Adieu Paris

Principaux films auxquels Claude Heymann a collaboré

1927	Rien que les heures (Alberto Cavalcanti)
	En rade (Alberto Cavalcanti)
1928	Tire au flanc (Jean Renoir)
	La petite marchande d'allumettes (Jean Renoir)
1929	La route est belle (Robert Florey)
1930	L'âge d'or (Luis Bunuel)
	Le blanc et le noir (Marc Allégret)
1931	On purge bébé (Jean Renoir)
	Mam'zelle Nitouche (Marc Allégret)
1932	Fantômas (Paul Fejos)
1935	Une nuit de noces (Maurice Kéroul et Georges Monca)
1936	Le disque 413 (Richard Pottier)
1937	Choc en retour (Maurice Kéroul, Georges Monca)
	La dame de Malacca (Marc Allégret)
1938	Les gens du voyage (Jacques Feyder)
	Entrée des artistes (Marc Allégret)
1945	Jéricho (Henri Calef)
1946	Contre-enquête (Jean Faurez)
1947	Route sans issue (Jean Stelli)
	Carrefour des passions (Ettore Giannini)
1948	Fabiola (Alessandro Blasetti)
1949	La souricière (Henri Calef)
1950	Pas de pitié pour les femmes (Christian Stengel)
1953	La pensionnaire (*La spiaggia*, Alberto Lattuada)
	Une fille nommée Madeleine (*Maddalena*, Augusto Genina)
1955	Lola Montès (Max Ophüls)
1957	Premier mai (Luis Saslavsky)

1960	Un Martien à Paris (Jean-Daniel Daninos)
	Tirez sur le pianiste (François Truffaut)
	Le cœur battant (Jacques Doniol-Valcroze)
1961	Auguste (Pierre Chevalier)
	le jeu de la vérité (Robert Hossein)
	Rencontres (Philippe Agostini)
1963	La cuisine au beurre (Gilles Grangier)

Meg Lemonnier

1931	Rive gauche (Alexandre Korda)
	Il est charmant (Louis Mercanton)
	Rien que la vérité (René Guissart)
1932	Une étoile disparaît (Robert Villers)
	Simone est comme ça (Karl Anton)
	Une petite femme dans le train (Karl Anton)
	Une faible femme (Max de Vaucorbeil)
	Camp volant (Max Reichmann)
1933	Un soir de réveillon (Karl Anton)
	Georges et Georgette (Reinhold Schünzel)
1934	Princesse Czardas (Georg Jacoby, André Beucler)
1935	Bourrachon (René Guissart)
	Moïse et Salomon parfumeurs (André Hugon)
	Les sœurs Hortensias (René Guissart)
1936	Trois six neuf (Raymond Rouleau)
	La bête aux sept manteaux (Jean de Limur)
1937	L'habit vert (Roger Richebé)
	La chaste Suzanne (André Berthomieu)
1938	La belle étoile (Jacques de Baroncelli)
	Visages de femmes (René Guissart)
	Ma sœur de lait (Jean Boyer)
	Le monsieur de cinq heures (Pierre Caron)
1939	Pour le maillot jaune (Jean Stelli)
1941	Boléro (Jean Boyer)
1942	Ne le criez pas sur les toits (Jacques Daniel-Norman)
1943	La cavalcade des heures (Yvan Noé)

1950	Banco de prince (Michel Dulud)
1951	La vérité sur Bébé Donge (Henri Decoin)
	Adhémar, ou le jouet de la fatalité (Fernandel)
1958	Maxime (Henri Verneuil)

Gina Manès

1919	Les cœurs des six petites françaises (Edouard Emile Violet)
1920	L'homme sans visage (Louis Feuillade)
	Tue la mort (René Navarre)
	Les sept de trèfle (René Navarre)
1921	Le secret d'Alta Rocca (André Liabel)
	L'homme aux trois masques (René Navarre)
1922	La dame de Monsoreau (René Le Somptier)
1923	Cœur fidèle (Jean Epstein)
	L'auberge rouge (Jean Epstein)
	La main qui a tué (Maurice Gleize, Maurice de Marsan)
1924	La nuit rouge (Maurice Gleize, Maurice de Marsan)
	Le cavalier de minuit (Maurice Charmeroy, René Alinat, Toulet)
	Naples au baiser de feu (Serge Nadejdine)
1925	Ame d'artiste (Germaine Dulac)
1926	Le train sans yeux (Alberto Cavalcanti)
	Le soleil de minuit (Richard Garrick, Jean Legrand)
1927	Napoléon (Abel Gance)
	Sables (Dimitri Kirsanoff)
1928	Thérèse Raquin (Jacques Feyder)
	Le Péché (*Synd*, Gustav Molander)
	Looping the loop (Arthur Robinson)
	La sainte et le fou (*Die Heilige und ihr Narr*, Wilhelm Dieterle)
	S.O.S. (Carmine Gallone)
1929	Nuits de prince (Marcel L'Herbier)
	Quartier latin (Augusto Genina)
	Le requin (Henri Chomette)

	Un soir au Cocktail Bar (Roger Lion)
1930	Grock (Carl Boese, Joe Hamman)
	L'ensorcellement de Séville (Benito Perojo)
1931	Salto mortale (E.A. Dupont)
	Une belle garce (Marco de Gastyne)
	Sous le casque de cuir (Albert de Courville)
1932	Pax (Francis A. Elias, Camille Lemoine)
	La tête d'un homme (Julien Duvivier)
1933	L'amour qu'il faut aux femmes (Adolphe Trotz)
	La voie sans disque (Léon Poirier)
1934	Le diable en bouteille (Heinz Hilpert et Reinhart Steinbicker)
1935	La famille Pont-Biquet (Christian-Jaque)
	Barcarolle (Gehrard Lamprecht et Roger le Bon)
	Divine (Max Ophüls)
1936	Les loups entre eux (Léon Mathot)
	La mystérieuse Lady (Robert Péguy)
	La brigade en jupons (Jean de Limur)
	Mayerling (Anatole Litvak)
	Les réprouvés (Jacques Séverac)
	Maria de la nuit (Willy Rozier)
	La tentation (Pierre Caron)
1937	Nostalgie (Victor Tourjansky)
	Mollenard (Robert Siodmak)
1938	Le mariage de Véréna – La bâtarde (Jacques Daroy)
	La maison du Maltais (Pierre Chenal)
	S.O.S. Sahara (Jacques de Baroncelli)
	Gosse de riche (Maurice de Canonge)
	Fort-Dolorès (René Le Hénaff)
1939	Le récif de corail (Maurice Gleize)
1940	Retour au bonheur (René Jayet)
1944	Les caves du Majestic (Richard Pottier)
1946	Le bâteau à soupe (Maurice Gleize)
1949	La danseuse de Marrakech (Léon Mathot)
1954	La belle Otéro (Richard Pottier)
	Marchandes d'illusions (Raoul André)
	Crime au concert Mayol (Pierre Méré)
1955	Milord l'arsouille (André Haguet)

Le Vicomte de Bragelonne (Fernando Cerchio)
1956 Paris Palace Hôtel (Henri Verneuil)
Le couturier de ces dames (Jean Boyer)
La loi des rues (Ralph Habib)
Lumières du soir (Robert Vernay)
1957 Un certain Mr Jo (René Jolivet)
Rafles sur la ville (Pierre Chenal)
1958 Les amants de demain (Marcel Blistène)
Le joueur (Claude Autant-Lara)
Mimi Pinson (Robert Darène)
1960 Le bonheur est pour demain (Henri Fabiani)
1965 Pas de panique (Sergio Gobbi)

Héléna Manson

1925 La puissance du travail (Jean Choux)
1929 Le mystère de la Villa Rose (René Hervil, Louis Mercanton)
1930 Monsieur le Duc (Jean de Limur)
Le réquisitoire (Dimitri Buchowetzki)
1931 La tragédie de la mine (G.W. Pabst)
Les frères Karamazoff (Fédor Ozep)
1932 Stupéfiants (Kurt Gerron et Roger Le Bon)
Le cas du Dr Brenner (Jean Daumery)
1933 Coralie et Cie (Alberto Cavalcanti)
1934 Fédora (Louis Gasnier)
Madame Bovary (Jean Renoir)
Un train dans la nuit (René Hervil)
Pension mimosas (Jacques Feyder)
1936 Hélène (Jean Benoît-Lévy)
1937 Les pirates du rail (Christian-Jaque)
A Venise, une nuit (Christian-Jaque)
1938 Bar du sud (Henri Fescourt)
1939 Dernière jeunesse (Jeff Musso)
1940 L'empreinte du Dieu (Léonide Moguy)
1941 L'assassinat du Père Noël (Christian-Jaque)

	Le journal tombe à cinq heures (Georges Lacombe)
1942	Les inconnus dans la maison (Henri Decoin)
	Le bienfaiteur (Henri Decoin)
	Mermoz (Louis Cuny)
1943	Marie-Martine (Albert Valentin)
	Picpus (Richard Pottier)
	L'homme de Londres (Henri Decoin)
	Le corbeau (H.G. Clouzot)
	L'escalier sans fin (Georges Lacombe)
1945	L'assassin n'est pas coupable (René Delacroix)
	Son dernier rôle (Jean Gourguet)
1946	L'homme au chapeau rond (Pierre Billon)
	Nuits sans fin (Jacques Séverac)
1947	Non coupable (Henri Decoin)
1948	Retour à la vie (Sketch André Cayatte)
	La louve (Guillaume Radot)
	La ferme des sept péchés (Jean Devaivre)
	Manon (H.G. Clouzot)
1949	Au revoir M. Grock (Pierre Billon)
	Le furet (Raymond Leboursier)
1950	Les amants de Bras-mort (Marcello Pagliero)
	Né de père inconnu (Maurice Cloche)
1951	La taverne de New Orleans (*Adventures of Captain Fabian*, William Marshall)
	Un homme à détruire (*Stranger on the prowl*, Joseph Losey)
1952	Deux sous de violettes (Jean Anouilh)
	Le plaisir (Max Ophüls)
	Le secret d'une mère (Jean Gourguet)
1953	L'envers du paradis (Edmond T. Gréville)
	La fille perdue (Jean Gourguet)
	Les enfants de l'amour (Léonide Moguy)
1954	Escalier de service (Carlo-Rim)
	Dans tes bras (*Herr über und Tod*, Victor Vicas)
1955	Lola Montès (Max Ophüls)
	Des gens sans importance (Henri Verneuil)
	Le dossier noir (André Cayatte)
1956	Les truands (Carlo Rim)

1956 Bonjour jeunesse (Maurice Cam)
Les lumières du soir (Robert Vernay)
Paris Palace Hôtel (Henri Verneuil)
Goubbiah mon amour (Robert Darène)
Oeil pour œil (André Cayatte)
The Vintage/Les vendanges (Jeffrey Hayden)
1957 Un homme se penche sur son passé (Willy Rozier)
1958 Toi, le venin (Robert Hossein)
Faibles femmes (Michel Boisrond)
Le grand chef (Henri Verneuil)
1960 Le président (Henri Verneuil)
1961 Les amours célèbres (Michel Boisrond)
La chambre ardente (Julien Duvivier)
1962 Le glaive et la balance (André Cayatte)
1965 Piège pour Cendrillon (André Cayatte)
Paris au mois d'août (Pierre Granier-Deferre)
1969 Paix sur les champs (Jacques Boigelot)
1975 Le locataire (Roman Polanski)
1979 Mon oncle d'Amérique (Alain Resnais)
1981 Les misérables (Robert Hossein)
1982 La femme ivoire (Dominique Cheminal)
1987 Agent trouble (Jean-Pierre Mocky)
1988 Les maris, les femmes, les amants (Pascal Thomas)

Blanche Montel

1913 M. Beulmeester, garde civile (Alfred Machin)
Saida a enlevé Manneken Piss (Alfred Machin)
Un épisode de Waterloo (Alfred Machin)
1914 La fille de Delft (Alfred Machin)
1919 Barabbas (Louis Feuillade)
1920 Les deux gamines (Louis Feuillade)
1921 L'orpheline (Louis Feuillade)
Chichinette et Cie (Henri Desfontaines)
Son altesse (Henri Desfontaines)
Le nuage (Léon Poirier, CM)

	Zidore (Louis Feuillade, CM)
	Séraphin ou les jambes nues (Louis Feuillade, CM)
	Gustave est medium (Louis Feuillade)
	Gaetan ou le commis audacieux (Louis Feuillade, CM)
	Marjolain ou la fille manquée (Louis Feuillade, CM)
1922	La fille des chiffonniers (Henri Desfontaines)
1923	Pax domine (René Leprince)
	L'affaire du courrier de Lyon (Léon Poirier)
	La belle Nivernaise (Jean Epstein)
1924	Une vieille marquise très riche (Emilien Champentier)
	Après l'amour (Maurice Champreux)
1925	Le roi de la pédale (Maurice Champreux)
	La vocation d'André Carel (Jean Choux)
1927	La ronde infernale (Luitz-Morat)
1930	Flagrant délit (Henri Schwartz)
	L'Arlésienne (Jacques de Baroncelli)
1932	Les trois mousquetaires (Henri Diamant-Berger)
	Clair de lune (Henri Diamant-Berger)
	L'enfant du mircale (Henri Diamant-Berger)
	La bonne aventure (Henri Diamant-Berger)
1933	Les bleus du ciel (Henri Decoin)
	Chassé-croisé (Henri Diamant-Berger, CM)
	Miquette et sa mère (Henri Diamant-Berger)
	La maison du mystère (Gaston Roudès)
1934	L'aventurier (Marcel L'Herbier)
	Le passager clandestin (Henri Diamant-Berger, CM)
1938	Durand bijoutier (Jean Stelli)
	Mon père et mon papa (Gaston Schoukens)
1940	Les surprises de la radio (Marcel Aboulker)
1943	L'homme de Londres (Henri Decoin)

Louis Page

1930	Le sang d'un poète (Jean Cocteau)
1931	Le million (René Clair)
	Daïnah la métisse (Jean Grémillon)

1932	14 juillet (René Clair)
	La dame de chez Maxim's (Alexandre Korda)
1935	La kermesse héroïque (Jacques Feyder)
	Bozambo (*Sanders of the river*, Zoltan Korda)
	Juanita (Pierre Caron)
1936	Le grand refrain (Yves Mirande)
	Jeunes filles de Paris (Claude Vermorel)
	Courrier sud (Pierre Billon)
	Marinella (Pierre Caron)
	Le mioche (Léonide Moguy)
	L'amant de Madame Vidal (André Berthomieu)
1937	L'affaire Lafarge (Pierre Chenal)
	La bataille silencieuse (Pierre Billon)
	Drôle de drame (Marcel Carné)
1938	Le drame de Shanghaï (G.W. Pabst)
	Quai des brumes (Marcel Carné)
1939	Espoir (André Malraux)
1941	Le soleil a toujours raison (Pierre Billon)
	L'Arlésienne (Marc Allégret)
1942	Lumière d'été (Jean Grémillon)
	Félicie Nanteuil (Marc Allégret)
1943	Le ciel est à vous (Jean Grémillon)
1944	Sortilèges (Christian-Jaque)
1945	François Villon (André Zwobada)
	Le pays sans étoiles (Georges Lacombe)
	Le 6 juin à l'aube (Jean Grémillon)
1946	Un revenant (Christian-Jaque)
	Macadam (Jacques Feyder, Marcel Blistène)
1947	Les frères Bouquinquant (Louis Daquin)
	La vie en rose (Jean Faurez)
1948	Au-delà des grilles (René Clément)
1949	Retour à la vie (Sketches H.G. Clouzot, Jean Dréville)
	Histoires extraordinaires (Jean Faurez)
	L'invité du mardi (Jacques Deval)
1950	L'étrange Madame X (Jean Grémillon)
	Les anciens de Saint-Loup (Georges Lampin)
	Maître après Dieu (Louis Daquin)
1951	Une histoire d'amour (Guy Lefranc)

1952	Elle et moi (Guy Lefranc)
1953	L'amour d'une femme (Jean Grémillon)
1955	La lumière d'en face (Georges Lacombe)
	Des gens sans importance (Henri Verneuil)
1956	En effeuillant la marguerite (Marc Allégret)
	La mariée est trop belle (Pierre-Gaspard Huit)
1957	Maigret tend un piège (Jean Delannoy)
	Le rouge est mis (Gilles Grangier)
1958	Les grandes familles (Denys de la Patellière)
	Le désordre et la nuit (Gilles Grangier)
	Le gorille vous salue bien (Bernard Borderie)
1959	Maigret et l'affaire Saint-Fiacre (Jean Delannoy)
	Archimède le clochard (Gilles Grangier)
	Rue des prairies (Denys de la Patellière)
	L'épopée dans l'ombre (*Shake hands with the devil*, Michael Anderson)
1960	Les vieux de la vieille (Gilles Grangier)
	Le baron de l'écluse (Jean Delannoy)
1961	Le président (Henri Verneuil)
	Le Cave se rebiffe (Gilles Grangier)
1962	Un singe en hiver (Henri Verneuil)
	Le gentleman d'Epsom (Gilles Grangier)
1963	Mélodie en sous-sol (Henri Verneuil)
	Maigret voit rouge (Gilles Grangier)
1964	Monsieur (Jean-Paul Le Chanois)
1965	La grosse caisse (Alex Joffé)

Mireille Perrey

1931	Pas sur la bouche (Nicolas Rimsky)
	Je serai seule après minuit (Jacques de Baroncelli)
1932	Le chasseur de chez Maxim's (Karl Anton)
1934	Dédé (René Guissart)
	L'école des contribuables (René Guissart)
1935	Juanita (Pierre Caron)
	Jim la houlette (André Berthomieu)

1936	L'amant de Madame Vidal (André Berthomieu)
	Les petites alliées (Jean Dréville)
	La souris bleue (Pierre-Jean Ducis)
1937	Mon député et sa femme (Maurice Cammage)
	La fessée (Pierre Caron)
1938	Education de prince (Alexandre Esway)
	Une java (Claude Orval)
1939	Nadia, la femme marquée (Claude Orval)
1943	Jeannou (Léon Poirier)
1945	Patrie (Louis Daquin)
1946	Cœur de coq (Maurice Cloche)
1948	Docteur Laënnec (Maurice Cloche)
1949	Toâ (Sacha Guitry)
	Miquette et sa mère (H.G. Clouzot)
1950	Meurtres (Richard Pottier)
	Le rosier de Madame Husson (Jean Boyer)
	Knock (Guy Lefranc)
	Les maîtres-nageurs (Henri Lepage)
1951	L'amour, Madame (Gilles Grangier)
	Hôtel Sahara (Ken Annakin)
1953	Madame De… (Max Ophüls)
	Carnaval (Henri Verneuil)
1957	L'homme à l'imperméable (Julien Duvivier)
1959	La jument verte (Claude Autant-Lara)
1963	Les parapluies de Cherbourg (Jacques Demy)

Madeleine Renaud

1922	Vent debout (René Leprince)
1926	La terre qui meurt (Jean Choux)
1931	Jean de la lune (Jean Choux)
	La couturière de Lunéville (Harry Lachman)
	Serments (Henri Fescourt)
	Mistigri (Harry Lachman)
1932	La belle marinière (Harry Lachman)
1933	Le tunnel (Kurt Bernhardt)

1933 La maternelle (Jean Benoit-Lévy)
Le voleur (Maurice Tourneur)
Primerose (René Guissart)
1934 La marche nuptiale (Mario Bonnard)
Maria Chapdelaine (Julien Duvivier)
Une soirée à la Comédie-Française (Léonce Perret)
1936 Cœur de gueux (Jean Epstein)
Les demi-vierges (Pierre Caron)
Hélène (Jean Benoit-Lévy)
Les petites alliées (Jean Dréville)
1938 L'étrange Monsieur Victor (Jean Grémillon)
1941 Remorques (Jean Grémillon)
1942 Lumière d'été (Jean Grémillon)
1943 L'escalier sans fin (Georges Lacombe)
Le ciel est à vous (Jean Grémillon)
1951 Le plaisir (Max Ophüls)
1959 Le dialogue des Carmélites (Philippe Agostini, R.P. Bruckberger)
1961 Le jour le plus long (*The longest day*, Ken Annakin...)
1968 Le diable par la queue (Philippe de Broca)
1971 L'humeur vagabonde (Edouard Luntz)
La mandarine (Edouard Molinaro)
1976 Des journées entières dans les arbres (Marguerite Duras)
1987 La lumière du lac (Francesca Comencini)

Roger Richebé

Production-Réalisation

1929 La route est belle (Robert Florey)
1930 Le blanc et le noir (Marc Allégret)
1931 La chienne (Jean Renoir)
L'homme qui assassina (Kurt Bernhardt)
Mam'zelle Nitouche (Marc Allégret)

1931	La petite chocolatière (Marc Allégret)
	On purge bébé (Jean Renoir)
	L'amour à l'américaine (Claude Heymann)
1932	Fantômas (Paul Fejos)
	Fanny (Marc Allégret)
1933	Tire au flanc (Henry Wulschleger)
	L'agonie des aigles (Roger Richebé)
1934	J'ai une idée (Roger Richebé)
	Minuit Place Pigalle (Roger Richebé)
1935	Koënigsmark (Maurice Tourneur)
1936	L'amant de Madame Vidal (André Berthomieu)
	Le mort en fuite (André Berthomieu)
	Le secret de Polichinelle (André Berthomieu)
1937	Un déjeûner de soleil (Marcel Cohen)
	L'habit vert (Roger Richebé)
	Prisons de femmes (Roger Richebé)
1939	La tradition de minuit (Roger Richebé)
1941	Madame Sans-Gêne (Roger Richebé)
1942	Romance à trois (Roger Richebé)
	Monsieur la souris (Georges Lacombe)
1943	Domino (Roger Richebé)
	Voyage sans espoir (Christian-Jaque)
1945	Les J 3 (Roger Richebé)
1947	La grande Maguet (Roger Richebé)
1948	Jean de la lune (Marcel Achard)
1949	Monseigneur (Roger Richebé)
1950	Clara de Montargis (Henri Decoin)
	La peau d'un homme (René Jolivet)
1951	Gibier de potence (Roger Richebé)
1952	La fugue de M. Perle (Pierre Gaspard-Huit)
	Les amants de minuit (Roger Richebé)
1956	Le salaire du péché (Denys de la Patellière)
	La fille Elisa (Roger Richebé)
	Que les hommes sont bêtes (Roger Richebé)
1960	Austerlizt (Abel Gance)

Germaine Rouer

1915	Les vampires (Louis Feuillade)
1917	Judex (Louis Feuillade)
1919	Perdue (Georges Monca)
1921	La terre (André Antoine)
	Les deux soldats (Jean Hervé)
	Le pauvre village (Jean Hervé)
1923	La porteuse de pain (René Le Somptier)
1925	La flamme (René Hervil)
1926	Les mensonges (Pierre Marodon)
1927	La cousine Bette (Max de Rieux)
	La glu (Henri Fescourt)
1929	Au bonheur des dames (Julien Duvivier)
1930	Deux fois vingt ans (Charles-Félix Tavano)
1932	Roger la honte (Gaston Roudès)
1934	Le secret d'une nuit (Félix Gandéra)
1935	Bourrasque (Pierre Billon)
1936	Les deux gosses (Fernand Rivers)
	La pocharde (Jean Kemm)
1937	La femme du bout du monde (Jean Epstein)
	Liberté (Jean Kemm)
1947	Le dolmen tragique (Léon Mathot)
1950	L'enfant des neiges (Albert Guyot)
1953	Si Versailles m'était conté (Sacha Guitry)

René Sylviano

1930	La prison en folie (Henry Wulschleger)
	La ronde des heures (Alexandre Ryder)
	La tendresse (André Hugon)
	Lévy et Cie (André Hugon)
	Prix de beauté (Augusto Genina)
	Mon ami Victor (André Berthomieu)
	Le refuge (Léon Mathot)

1931 Le chanteur inconnu (Victor Tourjansky)
1932 Le chasseur de chez Maxim's (Karl Anton)
Paris-soleil (Jean Hémard)
Hôtel des étudiants (Victor Tourjansky)
Le fils improvisé (René Guissart)
Rien que des mensonges (Karl Anton)
1933 Le chemin du bonheur (Jean Mamy)
La voix sans visage (Leo Mittler)
Le père prématuré (René Guissart)
L'ordonnance (Victor Tourjansky)
1934 Famille nombreuse (André Hugon)
1935 Gangster malgré lui (André Hugon)
1936 Les grands (Félix Gandéra, Robert Bibal)
François 1er (Christian-Jaque)
1938 Un fichu métier (Pierre-Jean Ducis)
La Vénus de l'or (Charles Méré, Jean Delannoy)
1939 Moulin Rouge (André Hugon)
Narcisse (Ayres d'Aguiar)
1941 Fromont jeune et Risler aîné (Léon Mathot)
Le moussaillon (Jean Gourguet)
Premier rendez-vous (Henri Decoin)
Annette et la dame blonde (Jean Dréville)
1942 L'amant de Bornéo (Jean-Pierre Feydeau, René Le Hénaff)
Des jeunes filles dans la nuit (René Le Hénaff)
L'appel du bled (Maurice Gleize)
Mariage d'amour (Henri Decoin)
Le brigand gentilhomme (Emile Couzinet)
1943 Je suis avec Toi (Henri Decoin)
Coup de tête (René Le Hénaff)
La valse blanche (Jean Stelli)
Bonsoir Mesdames, bonsoir Messieurs (Roland Tual)
1944 L'enfant de l'amour (Jean Stelli)
Les caves du Majestic (Richard Pottier)
Le mystère Saint-Val (René le Hénaff)
1945 L'ange qu'on m'a donné (Jean Choux)
Roger la honte (André Cayatte)
La tentation de Barbizon (Jean Stelli)

1945	Son dernier rôle (Jean Gourguet)
	Le roi des resquilleurs (Jean Devaivre)
	Mensonges (Jean Stelli)
1946	La cabane aux souvenirs (Jean Stelli)
1947	Hyménée (Emile Couzinet)
	Les aventures de Casanova (Jean Boyer)
	Le mystérieux Monsieur Sylvain (Jean Stelli)
	La revanche de Roger la honte (André Cayatte)
1948	Cinq tulipes rouges (Jean Stelli)
	Dernier amour (Jean Stelli)
1949	La ronde des heures (Alexandre Pyder)
	La voyageuse inattendue (Jean Stelli)
1950	Clara de Montargis (Henri Decoin)
	Mademoiselle de la Ferté (Roger Dallier)
	Mon ami le cambrioleur (Henri Lepage)
	Le roi du bla-bla-bla (Maurice Labro)
	L'homme de joie (Gilles Grangier)
1951	Et ta sœur (Henri Lepage)
	Seuls au monde (René Chanas)
1952	Le désir et l'amour (Henri Decoin)
	Grand gala (François Campeaux)
	Un trésor de femme (Jean Stelli)
	Une fille sur la route (Jean Stelli)
1953	Mandat d'amener (Pierre Louis)
	Tourments (Jacques Daniel-Norman)
	La nuit est à nous (Jean Stelli)
1954	Bonnes à tuer (Henri Decoin)
1955	Le Vicomte de Bragelonne (Fernando Cerchio)
	La foire aux femmes (Jean Stelli)
1956	La terreur des dames (Jean Boyer)
1957	Le septième commandement (Raymond Bernard)
	Le chômeur de Clochemerle (Jean Boyer)
1958	Prison de femmes (Maurice Cloche)
	Bal de nuit (Maurice Cloche)
1963	La porteuse de pain (Maurice Cloche)
1964	La traite des blanches Georges Combret)
1965	Les deux orphelines (Riccardo Freda)
1972	La fille de Dracula (Jess Franco)

Denise Tual

	Principaux titres
1929	Nuits de princes (Marcel L'Herbier) Ass
	Le requin (Henri Chomette) Ass
1930	L'amour chante (Robert Florey) Mont
	Les amours de minuit (Augusto Genina) Mont
1931	Mam'zelle Nitouche (Marc Allégret) Mont
	La petite chocolatière (Marc Allégret) Mont
	La chienne (Jean Renoir) Mont
1932	Fanny (Marc Allégret) Mont
	Fantômas (Paul Fejos) Mont
	La dame de chez Maxim's (Alexandre Korda) Mont
1933	Lac aux dames (Marc Allégret) Mont
1935	Koënigsmark (Maurice Tourneur Mont
	Les beaux jours (Marc Allégret) Prod
1937	Drôle de drame (Marcel Carné) Prod
1938	La bête humaine (Jean Renoir) Prod
	Les disparus de Saint-Agil (Christian-Jaque) Prod
1939	Espoir – Sierra de Teruel (André Malraux) Prod
1941	Remorques (Jean Grémillon) Prod
	Le pavillon brûle (Jacques de Baroncelli) Prod
1942	Lettres d'amour (Claude Autant-Lara) Prod
	Le lit à colonnes (Roland Tual) Prod
1943	Goupi mains rouges (Jacques Becker) Prod
	Les anges du péché (Robert Bresson) Prod
1947	Voyage surprise (Pierre Prévert) Prod
1948	Jean de la lune (Marcel Achard) Prod
1949	Ce siècle a cinquante ans (Denise Tual) Réal et Prod
1956	Trapèze (Carol Reed) Prod
1957	Les girls (George Cukor) Prod

Charles Vanel

1912	Jim Crow (Robert Péguy)

1922 L'âtre (Robert Boudrioz)
La nuit de la revanche (Henri Etiévant)
Les 50 ans de Don Juan (Henri Etiévant)
Du crépuscule à l'aube (Jacques de Féraudy)

1923 Tempêtes (Robert Boudrioz)
Miarka, la fille à l'ourse (Louis Mercanton)
La maison du mystère (Alexandre Volkoff)
Le vol (Robert Péguy)
Calvaire d'amour (Victor Tourjansky)
Phroso (Louis Mercanton)

1924 La flambée des rêves (Jacques de Baroncelli)
Pêcheur d'Islande (Jacques de Baroncelli)
La mendiante de Saint-Sulpice (Charles Burguet)
Martyre (Charles Burguet)
L'autre aile (Henri Andréani)

1925 La flamme (René Hervil)
Barocco (Charles Burguet)
Le réveil (Jacques de Baroncelli)
Ame d'artiste (Germaine Dulac)

1926 La proie du vent (René Clair)
Nitchevo (Jacques de Baroncelli)
600 000 francs par mois (Robert Péguy, Nicolas Koline)
L'orphelin du cirque (Georges Lannes)

1927 Feu ! (Jacques de Baroncelli)
L'esclave blanche (Augusto Genina)
La femme rêvée (Jean Durand)
Der Königin Luise (Karl Grüne)
Maquillage (Félix Basch)
Paname n'est pas Paris (Nicolas Malikoff)

1928 Le passager (Jacques de Baroncelli)
La plongée tragique (Paul Heinz)
Feux follets (Erick Waschneck)

1929 Waterloo (Karl Grüne)
Les Frouchambault (Georges Monca)
Dans la nuit (Charles Vanel)

1930 Chiqué (Pierre Colombier)
La maison jaune de Rio (Karl Grüne, Robert Péguy)

Accusée levez-vous (Maurice Tourneur)
Le capitaine jaune (Anders Wilhelm Sansberg)
1931 Maison de danses (Maurice Tourneur)
L'Arlésienne (Jacques de Baroncelli)
Au nom de la loi (Maurice Tourneur)
Daïnah la métisse (Jean Grémillon)
Faubourg Montmartre (Raymond Bernard)
Les croix de bois (Raymond Bernard)
1932 Gitanes (Jacques de Baroncelli)
1933 Les Misérables (Raymond Bernard)
Au bout du monde (Gustav Ucicky, Henri Chomette)
Le grand jeu (Jacques Feyder)
1934 Le roi de Camargue (Jacques de Baroncelli)
Obsession (Maurice Tourneur)
1935 L'impossible aveu (Guarino Glavany)
Le domino vert (Herbert Selpin, Henri Decoin)
Affaire classée (Charles Vanel)
L'équipage (Anatole Litvak)
Michel Strogoff (Richard Eichberg, Jacques de Baroncelli)
1936 Les bateliers de la Volga (Vladimir Strijewski)
Port Arthur (Nicolas Farkas)
Jenny (Marcel Carné)
La belle équipe (Julien Duvivier)
Les grands (Félix Gandéra, Robert Bibal)
L'assaut (Pierre-Jean Ducis)
La flamme (André Berthomieu)
Courrier sud (Pierre Billon)
Vertige d'un soir (*La peur*, Victor Tourjansky)
1937 Abus de confiance (Henri Decoin)
Troïka sur la piste blanche (Jean Dréville)
Police mondaine (Michel Bernheim, Christian Chamborant)
La femme du bout du monde (Jean Epstein)
L'Occident (Henri Fescourt)
Les pirates du rail (Christian-Jaque)
1938 Légions d'honneur (Maurice Gleize)
S.O.S. Sahara (Jacques de Baroncelli)

	Bar du sud (Henri Fescourt)
	Carrefour (Kurt Bernhardt)
1939	L'or du Cristobal (Jacques Becker, Jean Stelli)
	La brigade sauvage (Marcel L'Herbier, Jean Dréville)
	Yamilé sous les cèdres (Charles d'Espinay)
	La loi du nord (Jacques Feyder)
1940	Le diamant noir (Jean Delannoy)
	La nuit merveilleuse (Jean-Paul Paulin)
1941	Le soleil a toujours raison (Pierre Billon)
1942	Promesse à l'inconnue (André Berthomieu)
	Les affaires sont les affaires (Jean Dréville)
1943	Le ciel est à vous (Jean Grémillon)
	Les Roquevillard (Jean Dréville)
1944	Haut le vent (Jacques de Baroncelli)
	L'enquête sur le 58 (Jean Tédesco) CM
1945	La ferme du pendu (Jean Dréville)
1946	Le bateau à soupe (Maurice Gleize)
	La cabane aux souvenirs (Jean Stelli)
	Gringalet (André Berthomieu)
1947	Le diable souffle (Edmond T. Gréville)
1948	Le pain des pauvres (*Vertigine d'amore*, Luigi Capuano)
1949	La femme que j'ai assassinée (Jacques Daniel-Norman)
	Au nom de la loi (Pietro Germi)
1950	Plus fort que la haine (*Gli inesorabili*, Camillo Mastrocinque)
	Brigades volantes (*Il Bivio*, Fernando Cerchio)
	Son dernier verdict (*Ultima sentenza*, Mario Bonnard)
	Malaire (Alejandro Perla)
	Les mousquetaires de la mer (*Cuori sul mar*, Giorgio Bianchi)
1951	Trésor maudit (*Incantesimo tragico*, Camillo Mastrocinque)
	Tempête sur les Mauvents (Gilbert Dupé)
1952	Le salaire de la peur (Henri-Georges Clouzot)
1953	Si Versailles m'était conté (Sacha Guitry)
1954	L'affaire Maurizius (Julien Duvivier)
	Les diaboliques (Henri-Georges Clouzot)

	Une fille nommée Madeleine (Augusto Genina)
	Tam tam (G.G. Napolitano)
1955	La main au collet (*To catch a thief*, Alfred Hitchcock)
	Les gaietés de l'escadron (*Allegro squadrone*, Paolo Moffa)
	Un missionnaire (Maurice Cloche)
1956	La mort en ce jardin (Luis Buñuel)
	Scandale à Milan (*Defundo il mio amore*, Vincent Sherman)
1957	Rafles sur la ville (Pierre Chenal)
	Le feu aux poudres (Henri Decoin)
	Les suspects (Jean Dréville)
1958	Le gorille vous salue bien (Bernard Borderie)
	Le piège (Charles Brabant)
1959	Pêcheur d'Islande (Pierre Schoendoerffer)
	Les naufrageurs (Charles Brabant)
	Les bateliers de la Volga (Victor Tourjansky)
	La valse du gorille (Bernard Borderie)
1960	La vérité (Henri-Georges Clouzot)
1961	Tintin et le mystère de la toison d'or (Jean-Jacques Vierne)
	Maria Matricula de Bilbao (Ladislas Vajda)
	La steppe (Alberto Lattuada)
1962	L'aîné des Ferchaux (Jean-Pierre Melville)
	Quand la colère éclate (*Lo sgarro*, Silvio Siano)
	Rififi à Tokyo (Jacques Deray)
1963	Symphonie pour un massacre (Jacques Deray)
	Un roi sans divertissement (François Leterrier)
1965	Le chant du monde (Marcel Camus)
1967	La prisonnière (H.G. Clouzot)
	Un homme de trop (Costa Gavras)
1969	Ballade pour un chien (Gérard Vergez)
1970	La nuit bulgare (Michel Mitrani)
	Ils (Jean-Daniel Simon)
	Comptes à rebours (Roger Pigaut)
1972	Camorra (Pasquale Squietieri)
	La plus belle soirée de ma vie (*La piu bella serata della mia vita*, Ettore Scola)

1975	Sept morts sur ordonnance (Jacques Rouffio)
	Cadavres exquis (Francesco Rosi)
1976	Nuit d'or (Serge Moati)
	Comme un boomerang (José Giovanni)
1977	Alice ou la dernière fugue (Claude Chabrol)
	A l'ombre d'un été (Jean-Louis Van Belle)
	Ne pleure pas (Jacques Ertaud)
1979	Le chemin perdu (Patricia Moraz)
1980	Trois frères (*Tre Fratelli*, Francesco Rosi)
	La puce et le privé (Roger Kay)
1987	Les saisons du plaisir (Jean-Pierre Mocky)

Jean Weber

1928	Figaro (Gaston Ravel, Tony Lekain)
1929	Le collier de la Reine (Gaston Ravel, Tony Lekain)
1930	L'Aiglon (Victor Tourjansky)
1931	Mon amant l'assassin (Solange Bussi)
	Le monsieur de minuit (Harry Lachman)
	Un coup de téléphone (Georges Lacombe)
1932	Occupe-toi d'Amélie (Richard Weisbach, Marguerite Viel)
	Il a été perdu une mariée (Léo Joannon)
1933	Le couché de la mariée (Roger Lion)
	La femme invisible (Georges Lacombe)
1935	La petite sauvage (Jean de Limur)
	Pluie d'or (Willy Rozier)
1937	La Tour de Nesle (Gaston Poudès)
1938	Tricoche et Cacolet (Pierre Colombier)
1942	Le brigand gentilhomme (Emile Couzinet)
1943	Le Capitaine Fracasse (Abel Gance)
	La Malibran (Sacha Guitry)
1953	Si Versailles m'était conté (Sacha Guitry)

Table des matières

638658 - Janvier 2016
Achevé d'imprimer par